高等院校教材

大学计算机基础实践教程

长沙医学院 ◎ 组编

金智 马俊 刘翠翠 ◎ 主编

李红艳 曾芳琴 汪一百 孙华 ◎ 副主编

人民邮电出版社

北京

图书在版编目（CIP）数据

大学计算机基础实践教程 / 金智，马俊，刘翠翠主编． -- 北京 ：人民邮电出版社，2025． -- ISBN 978-7 -115-68029-7

Ⅰ．TP3

中国国家版本馆 CIP 数据核字第 2025HF3916 号

内 容 提 要

本书比较全面地介绍计算机的基础操作知识，内容涉及 Windows 10 操作系统的基本操作，Word、Excel、PowerPoint 办公软件的应用，计算机网络的探索和医院信息系统的应用实践，致力于引领非计算机专业的读者踏入计算机世界的大门，为其提供一个全面的计算机基础实践指南。通过本书精心设计的实验和综合练习，读者能够将理论知识与实际操作紧密结合，提升实践技能，满足日常工作和学习的需求。

本书可作为高等院校非计算机专业学生的实践教材，也可作为想要掌握计算机基础知识和应用技能的读者的参考书。

◆ 主　　编　金　智　马　俊　刘翠翠
　　副主编　李红艳　曾芳琴　汪一百　孙　华
　　责任编辑　王梓灵
　　责任印制　马振武

◆ 人民邮电出版社出版发行　　北京市丰台区成寿寺路 11 号
　　邮编　100164　电子邮件　315@ptpress.com.cn
　　网址　https://www.ptpress.com.cn
　　三河市君旺印务有限公司印刷

◆ 开本：787×1092　1/16
　　印张：11.25　　　　　　　　　2025 年 9 月第 1 版
　　字数：227 千字　　　　　　　2025 年 9 月河北第 1 次印刷

定价：49.80 元

读者服务热线：(010)53913866　印装质量热线：(010)81055316
反盗版热线：(010)81055315

编 委 会

主　编：金　智　马　俊　刘翠翠

副主编：李红艳　曾芳琴　汪一百　孙　华

编　委：金　智　马　俊　刘翠翠　李红艳　曾芳琴

　　　　汪一百　孙　华　盛权为　吴胜斌　刘医娜

　　　　施　伟　李　莹　韦湘夫　周宇航　黎雅晨

　　　　刘姣云　唐　嵘　倪宏伯　陈　宇　仇淑君

　　　　郭岳东　吴梦琦　张　骏　郏萍萍　姜　彪

　　　　毛　彦　刘　庆　张逍虓　曾锐铭　章　乐

　　　　曾海燕　任德翰　黄　可　李文军　李爱平

　　　　胡　蓉　罗兆鹏　覃卫国　王安家

前　言

在数字化时代的背景下，信息技术已经成为现代社会的根基，其在教育、科研、商业、医疗等领域的应用越来越普遍。高等教育机构正面临着为非计算机专业的学生提供扎实的计算机基础教育的紧迫需求，目的是培养他们在未来职场中有效利用信息技术的能力。为此，本书应运而生，旨在为学生执行计算机操作打下坚实的基础，并激发他们对信息技术深入探索的兴趣。

本书内容全面，涵盖了 Windows 10 操作系统的基本操作，Microsoft Office 2016 中的 Word、Excel、PowerPoint 的高级应用，计算机网络操作和医院信息系统的应用实践，体现了理论与实践的有机结合。本书特别强调操作技能的培养，通过一系列精心设计的实验和综合练习，使读者能够在实际操作中深化理解、提升技能。

本书由一支具有丰富教学经验的教师团队编写。在编写本书的过程中，编者注重内容的实用性和前瞻性，力求使内容既符合教学大纲的要求，又能够紧跟技术发展的步伐。在内容编排上，编者力求简洁明了，通过图表、步骤说明和操作提示，使复杂的操作步骤变得易于理解和掌握。

最后，要感谢所有参与本书编写和审稿工作的专家、同人。他们的辛勤付出和无私奉献为本书的顺利出版奠定了坚实的基础。书中难免存在不足之处，恳请读者批评指正。

为了便于学习和使用，我们提供了本书的配套资源。读者扫描并关注下方的"信通社区"二维码，回复数字 68029，即可获得配套资源。

"信通社区"二维码

编者

2025 年 5 月

目　录

第1章

Windows 10 操作系统实验

实验 1　Windows 10 操作系统的基本操作

1.1.1　实验目的

（1）熟悉 Windows 10 操作系统的用户界面和基本功能。

（2）掌握文件管理、系统设置、应用程序安装和卸载等基本操作。

1.1.2　实验内容

（1）熟悉 Windows 10 操作系统的用户界面。

（2）文件和文件夹的基本操作。

（3）系统设置的调整。

（4）应用程序的安装和卸载。

1.1.3　实验步骤

1. 启动 Windows 10 操作系统的用户界面

（1）启动 Windows 10 操作系统。

打开计算机，等待 Windows 10 操作系统启动。

（2）探索桌面。

识别桌面上的主要元素，如任务栏、开始菜单、桌面图标。

（3）使用"开始"菜单。

单击"开始"按钮，浏览"开始"菜单中的应用程序列表，也可以使用搜索栏搜索应用程序或文件。

（4）任务栏操作。

将光标移动到任务栏的图标上，单击鼠标右键，了解快捷菜单选项；将常用的应用程序固定到任务栏上。

2．文件和文件夹的基本操作

（1）打开文件资源管理器。

方法一：单击"开始"按钮，选择"文件资源管理器"选项。

方法二：使用"Win+E"组合键打开文件资源管理器。

（2）浏览文件系统。

浏览"此电脑"下的各个驱动器和文件夹。

（3）创建新文件夹。

在指定的驱动器中单击鼠标右键，在弹出的快捷菜单中选择"新建"→"文件夹"，并给新文件夹命名。

（4）复制和粘贴文件。

选中文件或文件夹，单击鼠标右键，在弹出的快捷菜单中选择"复制"选项。导航到目标位置，单击鼠标右键，在弹出的快捷菜单中选择"粘贴"选项。

（5）删除文件。

选中要删除的文件或文件夹，单击鼠标右键，在弹出的快捷菜单中选择"删除"，确认删除操作，文件将被移动到回收站。

（6）搜索文件。

在文件资源管理器的搜索栏中输入文件名，执行搜索命令。

3．系统设置的调整

（1）打开设置。

方法一：单击"开始"按钮，选择"设置"选项。

方法二：使用"Win+I"组合键打开设置。

（2）个性化设置。

在"设置"中选择"个性化"，更改桌面背景、颜色和主题。

（3）系统更新。

在"设置"中选择"更新和安全"选项，检查并安装可用的系统进行更新。

（4）网络设置。

在"设置"中选择"网络和互联网"选项，配置 Wi-Fi 或以太网连接。

（5）用户账户管理。

在"设置"中选择"账户"选项，查看或更改账户信息，如密码和安全设置。

4．应用程序的安装和卸载

（1）安装应用程序。

打开 Microsoft Store 应用，搜索需要安装的应用程序，单击"获取"或"安装"按钮。

（2）卸载应用程序。

在"设置"中选择"应用"→"应用和功能"选项；选中要卸载的应用程序，单击鼠标右键，在弹出的快捷菜单中选择"卸载"选项。

（3）验证应用程序的安装和卸载。

检查开始菜单和桌面，确认新安装的应用程序是否可用。确认卸载后的应用程序不再出现在"开始"菜单和"应用和功能"列表中。

实验 2　Windows 10 操作系统的个性化设置

1.2.1　实验目的

（1）熟悉 Windows 10 操作系统的个性化设置功能。

（2）掌握如何根据个人喜好调整系统的外观和体验的方法。

1.2.2　实验内容

（1）更改桌面背景。

（2）调整系统主题和颜色方案。

（3）自定义开始菜单和任务栏。

（4）设置锁屏界面。

1.2.3　实验步骤

1．更改桌面背景

（1）在桌面上单击鼠标右键，在弹出的快捷菜单中选择"设置"→"个性化"→"背景"选项。

（2）选择"图片""纯色"或"幻灯片放映"作为桌面背景。

（3）如果选择"幻灯片放映"，可以指定相册文件夹，并设置更换频率。

2．调整系统主题和颜色方案

（1）在"个性化"设置中选择"颜色"选项。

（2）选择一个预设的颜色方案或自定义颜色。

（3）开启"从我的背景自动选取一种主题色"功能，使系统颜色与桌面背景协调。

3．自定义开始菜单和任务栏

（1）在"个性化"设置中选择"开始"选项。

（2）调整开始菜单的大小和布局，选择是否显示最近添加的应用。

（3）在"任务栏"的设置中，调整任务栏的位置和大小，以及是否显示任务栏的某些按钮。

4．设置锁屏界面

（1）在"个性化"设置中选择"锁屏"选项。

（2）更改锁屏背景图片，选择喜欢的图片或使用 Windows 聚焦。

（3）自定义锁屏上显示的信息，如添加个性化的欢迎语或联系方式。

实验 3　Windows 10 操作系统的控制面板操作

1.3.1　实验目的

（1）熟悉 Windows 10 操作系统的控制面板的布局和功能。

（2）掌握通过控制面板进行系统设置和配置的基本操作。

1.3.2　实验内容

（1）访问控制面板并熟悉其界面。

（2）管理用户账户。

（3）设置系统日期、时间和区域。

（4）设置网络和共享中心。

（5）配置设备驱动程序和打印机。

（6）软件安装和程序设置。

1.3.3　实验步骤

1．访问控制面板并熟悉其界面

单击"开始"按钮，在弹出的快捷菜单中选择"设置"选项，在搜索栏中输入"控制面板"，熟悉控制面板的界面。

2．管理用户账户

（1）在控制面板中选择"用户账户"选项。

（2）创建或删除用户账户，设置账户类型（管理员或标准用户）。

（3）更改账户密码。

3．设置系统日期、时间和区域

（1）在控制面板中选择"日期和时间"选项。

（2）设置正确的日期、时间格式和时区。

（3）进行区域设置，如设置货币、度量单位和数字格式。

4．设置网络和共享中心

（1）在控制面板中选择"网络和共享中心"选项。

（2）设置新的网络连接或修改现有连接。

（3）配置文件和打印机共享选项。

5．配置设备驱动程序和打印机

（1）在控制面板中选择"设备和打印机"选项。

（2）更新设备驱动程序或安装新的驱动程序。

（3）添加新的打印机或设置现有打印机。

6．软件安装和程序设置

（1）在控制面板中选择"程序"选项。

（2）查看已安装的程序列表，卸载不需要的程序。

（3）设置默认程序，将特定文件类型关联到特定应用程序。

实验 4　Windows 10 操作系统的文件与文件夹操作

1.4.1　实验目的

（1）掌握 Windows 10 操作系统的文件与文件夹的基本操作。

（2）学习如何管理、查找和维护文件系统。

1.4.2　实验内容

（1）创建、重命名、删除文件和文件夹。

（2）复制、移动文件和文件夹。

（3）使用文件资源管理器和搜索功能。

（4）设置文件属性和权限。

（5）压缩和解压缩文件。

1.4.3　实验步骤

1．创建、重命名、删除文件和文件夹

（1）打开文件资源管理器。

方法一：单击"开始"按钮，在弹出的快捷菜单中选择"文件资源管理器"选项。

方法二：使用"Win＋E"组合键打开文件资源管理器。

（2）创建文件和文件夹。

在要创建文件和文件夹的位置单击鼠标右键，在弹出的快捷菜单中选择"新建"→"文件夹"或"文件"选项，即可创建新文件夹或文件。

（3）重命名文件和文件夹。

在文件或文件夹上单击鼠标右键，在弹出的快捷菜单中选择"重命名"选项，输入新名称。

（4）删除文件和文件夹。

在文件或文件夹上单击鼠标右键，在弹出的快捷菜单中选择"删除"选项，确认删除操作。

2．复制、移动文件和文件夹

（1）复制文件和文件夹。

在选中的文件或文件夹上单击鼠标右键，在弹出的快捷菜单中选择"复制"选项；导航到目标位置，单击鼠标右键，在弹出的快捷菜单中选择"粘贴"选项。

（2）移动文件和文件夹。

在选中的文件或文件夹上单击鼠标右键，在弹出的快捷菜单中选择"剪切"选项；导航到目标位置，单击鼠标右键，在弹出的快捷菜单中选择"粘贴"选项。

3．使用文件资源管理器和搜索功能

（1）浏览文件系统。

使用文件资源管理器浏览"此电脑"下的各个驱动器和文件夹。

（2）搜索文件。

在文件资源管理器的搜索栏中输入文件名，执行搜索命令。

4．设置文件属性和权限

（1）设置文件属性。

在选中的文件或文件夹上单击鼠标右键，在弹出的快捷菜单中选择"属性"选项，在"常规"选项卡中，设置文件属性，如"只读""隐藏"等。

（2）设置文件权限。

在文件或文件夹的"属性"窗口中，切换到"安全"选项卡，单击"编辑"按钮，设置不同用户的访问权限。

5．压缩和解压缩文件

（1）压缩文件。

在选中的文件或文件夹上单击鼠标右键，在弹出的快捷菜单中选择"发送到"→"压缩（zipped）文件夹"选项。

（2）解压缩文件。

方法一：双击压缩文件，Windows 10 操作系统将自动解压缩。

方法二：在压缩文件上单击鼠标右键，在弹出的快捷菜单中选择"全部解压缩到…"选项并指定解压缩的位置。

Windows 10 操作系统综合练习

综合练习 1

启动 Windows 10 操作系统，完成以下操作。

（1）利用任务栏上的时钟图标查看、修改系统当前日期和时间，利用声音图标将系统设置为静音。

（2）设置任务栏为自动隐藏。操作提示：在任务栏空白处单击鼠标右键，在弹出的快捷菜单中选择"任务栏设置"选项，在"任务栏设置"窗口中设置锁定任务栏、自动隐藏任务栏，以及任务栏的位置。

（3）打开"计算机""回收站"等多个窗口，在多个窗口间进行切换，使不同的窗口成为活动窗口。

操作提示：利用"Alt+Tab"或"Alt+Esc"组合键，将不同的窗口切换为活动窗口。

（4）分别以"列表""详细信息"方式显示 C 盘中的文件和文件夹。

（5）对 C 盘中的文件和文件夹按"类型"重新排列。

（6）显示和隐藏"导航窗格"。

（7）按照下列要求设置文件夹选项。

① 在窗口中不显示具有隐藏属性的文件和文件夹。

② 显示已知文件类型的扩展名。

③ 在标题栏显示完整路径。

操作提示：打开"查看"选项卡，执行"选项"命令，在"文件夹选项"对话框的"查看"选项卡中，可以对文件和文件夹在窗口中的显示方式进行设置，如图 1-1 所示。

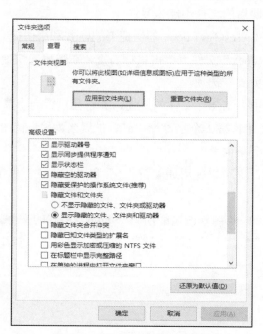

图 1-1　"文件夹选项"对话框

（8）在桌面上建立 Microsoft Word 2016 应用程序的快捷方式。

（9）在桌面上单击鼠标右键，在弹出的快捷菜单中选择"个性化"，完成以下操作。

① 将某个图片文件设置为桌面背景。

② 设置一个屏幕保护程序，等待时间为 3 min。

③ 卸载计算机上已经安装的某个程序。

综合练习 2

打开 Windows 10 文件资源管理器，完成以下操作。

（1）浏览 C 盘中的内容。

（2）分别采用图标、列表、详细信息方式显示 C 盘内容，观察区别。

（3）分别按照名称、类型、大小和修改日期对 C 盘内容进行重新排列，观察区别。

（4）在 D 盘建立两个文件夹"Test1"和"Test2"，在 E 盘建立一个文件夹"Test3"，在"Test1"中建立一个 Word 文件"w1.docx"、一个文本文件"t1.txt"。使用鼠标拖曳方式将"w1.docx"分别复制到"Test2"和"Test3"文件夹中。使用组合键将"t1.txt"移动到"Test2"文件夹中。

（5）将 D:\Test2 目录中"w1.docx"的名称更改为"w2.docx"。将 w2.docx 放到回收站中，再将其恢复到原来位置，最后将回收站清空。

操作提示：按"Delete"键即可将文件删除并放入回收站。若要直接将文件从磁盘上彻底删除而不放入回收站，则先选中要删除的文件，然后按"Shift+Delete"组合键，即可将文件彻底删除，删除后的文件不能恢复。

（6）在桌面上建立 E:\Test3\w1.docx 的快捷方式，并利用快捷方式打开该文件。

操作提示：在"w1.docx"文件上单击鼠标右键，在弹出的快捷菜单中选择"发送到"子菜单中的"桌面快捷方式"选项。

（7）查看 D:\Test2 中"t1.txt"文件的属性，并将其设置为"只读"和"隐藏"。

（8）搜索 C 盘中文件名第 2 个字母为"a"、扩展名为".txt"的文件，并将搜索结果中的任意一个文件复制到桌面。

操作提示：在搜索时，可以使用通配符"*"和"?"。"*"表示任意多个字符，"?"表示任意一个字符。

（9）搜索 D 盘中 2021 年内修改过的所有".bmp"格式的文件。

操作提示：单击搜索框，除了可以输入搜索文本，还可以选择添加"修改日期"和"大小"。在搜索文本中添加一条"搜索筛选器"（如"修改日期"），即可为用户提供更准确的搜索结果。

第2章

文字处理软件 Word 2016 实验

实验 1　Word 2016 的基本操作

2.1.1　实验目的

（1）掌握文档的基本编辑方法，包括选择、删除、修改、复制、移动等操作。

（2）掌握文档的快速编辑方法，包括文本的查找、替换与校对。

（3）掌握中文标点和特殊字符的输入方法。

2.1.2　实验内容

（1）另存为文件。

（2）添加文字。

（3）将文档第 2 段分为 3 个段落。

（4）将第 5、6 段复制到文档开始处。

（5）删除编辑后的第 7、8 段文字。

（6）对文档进行语法检查。

（7）将文档中的"工具"替换为"机器"。

（8）将所有英文字母改为红色并加着重号。

（9）在文档最后输入文字，并将其分成 2 段。

2.1.3　实验步骤

1. 另存为文件

（1）在 Word 2016 中执行"文件"→"打开"命令，选择"第 2 章文字处理软件实验\实验一.docx"。

（2）执行"文件"→"另存为"命令，输入文件名"学号末三位+姓名"。

2．添加文字

在"并参与实际医学数据分析项目，"后加"将培训内容转化为教学成果，提升教师的实践教学能力。"。操作步骤如下。

首先将光标移至"并参与实际医学数据分析项目，"后，然后切换输入法为"中文"状态，输入"将培训内容转化为教学成果，提升教师的实践教学能力。"。

3．将文档第 2 段分为 3 个段落

（1）将光标移至"了解医学数据专业的教材、实验室……"的前面，按"Enter"键换行，将文档分为 2 个段落。

（2）将光标移至"全面掌握机器学习与深度学习在医学中的应用，深入理解医学数据的机器学习……"的前面，按"Enter"键换行，将文档分为 3 个段落。

提示：光标是文字输入的插入点，可以用鼠标直接定位，也可以借助键盘上的"PageUp""Home"和"↑""↓""←""→"键来定位。

4．将第 5、6 段复制到文档开始处

（1）将光标移至第 5 段最前面，用鼠标拖曳选中"项目背景……教学水平不断提升作出积极贡献。"部分，选中后该部分反色显示。

（2）执行"开始"→"剪贴板"→"复制"命令，对应的组合键为"Ctrl+C"。

（3）将光标移至文档开始处，按"Enter"键。执行"开始"→"剪贴板"→"粘贴"命令，对应的组合键为"Ctrl+V"。

5．删除编辑后的第 7、8 段文字

（1）选中第 7、8 段"项目背景……教学水平不断提升作出积极贡献。"。

（2）执行"开始"→"剪贴板"→"剪切"命令或者按"Del"键。

6．对文档进行语法检查

（1）执行"审阅"→"校对"→"拼写和语法"命令，弹出"语法"对话框。

（2）若无拼写错误，单击"忽略"按钮。

（3）若有拼写错误，单击"更改"按钮，如图 2-1所示。

7．将文档中的"工具"替换为"机器"

（1）执行"开始"→"编辑"→"替换"命令，弹出"查找和替换"对话框。

（2）将光标定位在"查找内容"文本框中，输入"工具"。

（3）将光标定位在"替换为"文本框中，输入"机器"。

（4）单击"全部替换"按钮，如图 2-2 所示。

图 2-1　"语法"对话框

图 2-2 "查找和替换"对话框

8. 将所有英文字母改为红色并加着重号

（1）执行"开始"→"编辑"→"替换"命令，弹出"查找和替换"对话框。

（2）将光标定位在"查找内容"文本框中，单击"更多"→"特殊格式"→"任意字符"，如图 2-3 所示。在"查找内容"文本框中会自动输入"^$"。

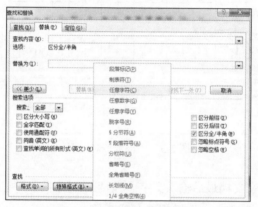

图 2-3 "查找和替换"特殊格式

（3）将光标定位在图 2-3 所示的"替换为"文本框中，单击"格式"→"字体"按钮，在打开的"替换字体"对话框中，设置字体颜色为红色，加着重号，如图 2-4 所示。

图 2-4 "替换字体"对话框

（4）设置完成，单击图 2-2 所示的"全部替换"按钮。

9．在文档最后输入文字，并将其分成 2 段

（1）执行"插入"→"符号"→"其他符号"命令，打开"符号"对话框。

（2）从"字体"下拉列表中选择一种类型。例如要输入"×"，则应该选择"拉丁文本"。

（3）选中要输入的字符，单击"插入"按钮或者双击要输入的字符，如图 2-5 所示。

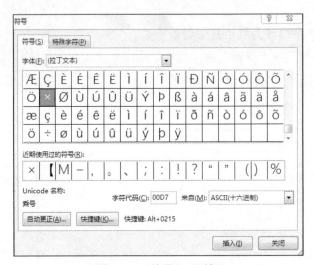

图 2-5　"符号"对话框

（4）按照以上方式在文档最后输入文字："信息工程学院××中心二〇二四年三月五日"。

（5）输入文字后，按"Enter"键将其分成 2 段。

提示：使用其他输入法（如搜狗拼音输入法）也可以输出键盘上没有定义的字符，如图 2-6 所示。

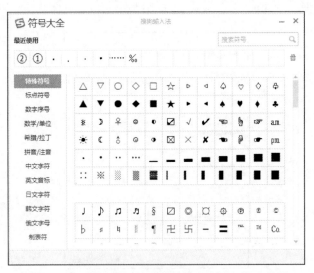

图 2-6　使用其他输入法中的符号大全输入特殊符号

实验 2　设置 Word 文档格式

2.2.1　实验目的

（1）掌握设置标题样式和格式的技巧。

（2）掌握段落的格式设置方法。

（3）掌握字符的格式设置方法。

（4）掌握边框和底纹的设置方法。

2.2.2　实验内容

（1）给文档第一行加标题"医学数据分析研修班邀请函"，格式为微软雅黑、一号、加粗、标准色红色，字符间距加宽 1 磅；给文档加第二行标题"信息工程学院[2024]2 号"，格式为黑体、10 号、加粗、黑色；其他文字设置为宋体、小四号；正文第 1、3、7 段文字加粗。

（2）设置第一行标题段前段后间距为 0.5 行，居中；第二行标题居中显示；正文部分首行缩进 2 字符，行距为 20 磅；正文最后两段设置为右对齐；"信息工程学院×××中心"段前间距为 3 行。

（3）设置第二行标题下框线：标准色红色，上粗下细边框，宽度为 3 磅。

（4）为正文第 1、3、7 段添加编号"一、二、三"。

2.2.3　实验步骤

1. 设置字体格式

（1）执行"文件"→"打开"命令，选择"word 实验一.docx"。

（2）执行"文件"→"另存为"命令，输入文件名"word 实验二"。

（3）将光标定位至文档最前面，按"Enter"键。

（4）将光标定位至空行，输入文字"医学数据分析研修班邀请函"。

（5）选择"开始"→"字体"扩展按钮，弹出"字体"对话框，如图 2-7 所示，在"字体"选项卡"中文字体"下拉列表中选择"微软雅黑"，在"字形"下拉列表中选择"加粗"，在"字号"下拉列表中选择"一号"，在"字体颜色"下拉列表中选择标准色"红色"。

（6）单击"高级"选项卡，在"字符间距"→"间距"下拉列表中选择"加宽"，设置"磅值"为 1 磅，如图 2-8 所示。

（7）将光标定位到"项目背景"前，按"Enter"键，输入文字"信息工程学院[2024]2 号"，按照步骤（5）设置文字的字体为黑体、字号为 10 号、加粗、黑色。

图 2-7　"字体"对话框　　　　　　　图 2-8　设置字符间距

（8）选中其他文字，设置字体为宋体，字号为小四号。

（9）选中正文第 1、3、7 段文字，选择"字体"选项卡，在"字形"下拉列表中选择"加粗"。

2. 设置段落格式

（1）选中第一行标题。

（2）执行"开始"→"段落"扩张按钮，弹出"段落"对话框，如图 2-9 所示。

（3）设置"间距"中"段前"为 0.5 行，"段后"为 0.5 行。

（4）选中两行标题，执行"开始"→"段落"扩张按钮，弹出"段落"对话框。在常规组的"对齐方式"下拉列表中选择"居中"。

（5）选中正文部分的文字，在"段落"对话框中，单击"特殊格式"下拉列表，选择"首行缩进"，度量值为 2 字符。

（6）在"行距"下拉列表中选择"固定值"，设置值为"20 磅"，如图 2-10 所示。

（7）选中正文最后两段，在"段落"对话框的"对齐方式"下拉列表中选择"右对齐"。

（8）选中"信息工程学院×××中心"段，按照步骤（2）及步骤（3）设置"段前"为 3 行。

3. 设置边框和底纹

（1）选中第二行标题。

（2）在"开始"选项卡中找到"段落"组，单击"边框"下拉按钮，选择"边框和底纹"，弹出图 2-11 所示的"边框和底纹"对话框。

图 2-9　"段落"选项卡

图 2-10　设置行距

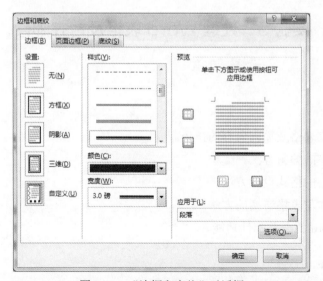

图 2-11　"边框和底纹"对话框

（3）在"样式"中选择上粗下细边框线，在"颜色"中选择标准色"红色"，在"宽度"中选择 3.0 磅。

（4）在预览框中选择下边框线，在"应用于"下拉列表中选择"段落"，单击"确定"按钮。

4．设置项目符号和编号

（1）按住"Ctrl"键的同时选中正文第1、3、7段。

（2）执行"开始"→"段落"命令，打开"编号"下拉列表，如图2-12所示。

（3）在编号库中选择 编号样式。

图 2-12 设置编号

实验 3 处理 Word 表格及合并邮件

2.3.1 实验目的

（1）掌握建立表格及输入内容的技巧。

（2）掌握表格的编辑方法。

（3）掌握表格的格式设置方法。

（4）掌握文本与表格转换的方法。

（5）熟悉 Word 的合并邮件功能。

2.3.2 实验内容

（1）根据实验样张，制作通知单，设置标题的字体为微软雅黑，字号为 20 磅，字符间距为加宽、5 磅，段前后间距各为 0.5 行。其他文字为宋体、四号。设置第 2、3 段文字首行缩进 2 字符，并调整最后 2 段对齐方式为右对齐。

（2）为通知单添加图片水印，缩放 200%，采用冲蚀效果。

（3）在通知单下方制作"医学数据分析研修班报名表"，并设置字体、字号和外框线。

（4）设置分割线。

（5）根据报名信息进行素材整理,将文字转换成表格,并将其保存为"报名信息.docx"。

（6）利用 Word 中的邮件合并功能制作每个学员的通知单及报名表。

2.3.3　实验步骤

1．设置字体格式

（1）新建空白 Word 文档,将其命名为"实验三",单击"保存"按钮。

（2）输入相关文字,按照实验 2 所述方法将标题设置为微软雅黑,字号为 20 磅,字符间距为加宽、5 磅,段前后间距各为 0.5 行。

（3）选中其余文字,设置字体、字号分别为宋体、四号。将正文第 2、3 段文字设置为首行缩进 2 字符,设置最后两段文字为右对齐,如图 2-13 所示。

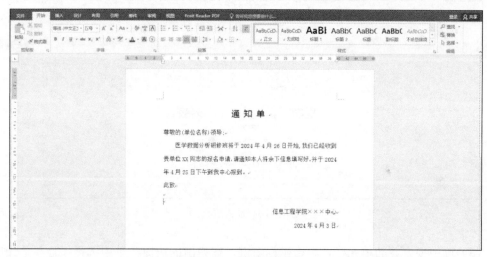

图 2-13　制作通知单

2．设置水印

（1）执行"设计"→"页面背景"命令,单击"水印"下拉列表,选择"自定义水印",弹出"水印"对话框,如图 2-14 所示。

（2）选择"图片水印",单击"选择图片"按钮,在弹出的界面中选择"背景图片",单击"插入"按钮。

（3）设置缩放为 200%,勾选"冲蚀"单选框,单击"应用"按钮,如图 2-15 所示。

3．设置表格格式

（1）输入标题"医学数据分析研修班报名表",设置字体为微软雅黑、20 号、加粗、居中对齐。

（2）执行"插入"→"表格"中的"插入表格"命令,在弹出的对话框中,插入列数为 5、行数为 9 的表格,如图 2-16 所示。

图 2-14 "水印"对话框

图 2-15 设置图片水印

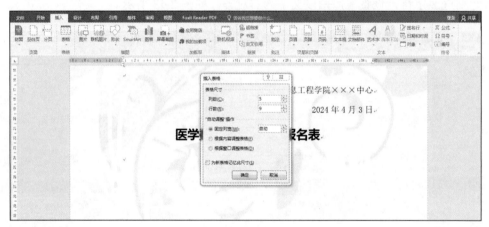

图 2-16 插入表格

（3）选中要合并的单元格，单击鼠标右键，在弹出的快捷菜单中选择"合并单元格"选项，或选择表格工具选项卡，执行"布局"→"合并"中的"合并单元格"命令，将相应的单元格合并，如图 2-17 所示。

图 2-17 合并单元格

（4）设置外框线为"双线"。选中整张表格，在"开始"→"段落"组中找到"边框"下拉按钮，选择"边框和底纹"，在弹出的"边框和底纹"对话框的"边框"选项卡的"样式"栏中选择"双线"，在预览框中单击所有的外边框，单击"确定"按钮，如图 2-18 所示。

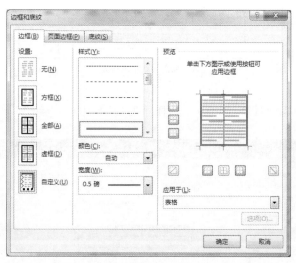

图 2-18　设置双线外边框

（5）根据本书提供的实验素材，在表格中输入相关的文字，拖动表格右下角调整表格大小。

（6）拖动鼠标，选中"单位名称"4 个字，在"开始"→"段落"组的"中文版式"下拉菜单中选择"调整宽度"，如图 2-19 所示。在弹出的对话框中，设置"新文字宽度"为 5 字符。其他文字的设置方法相同，或可双击"格式刷"按钮，重复设置为此格式。

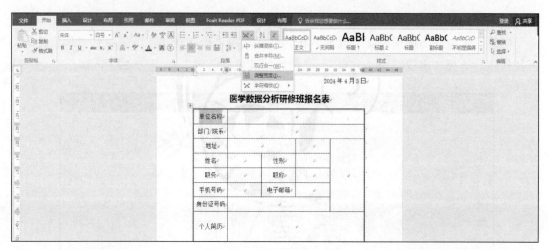

图 2-19　"中文版式"按钮

4. 设置分割线

分割线样例如图 2-20 所示。

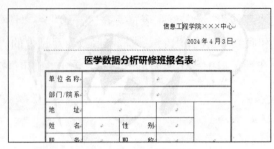

图 2-20　分割线样例

（1）在"插入"→"插图"组中，选择"形状"中的"直线"，如图 2-21 所示。

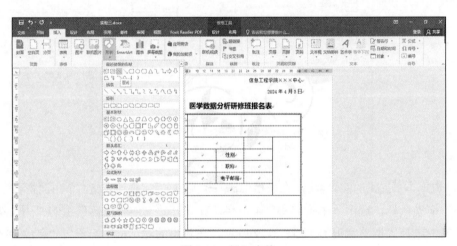

图 2-21　插入直线

（2）按住"Shift"键，在纸张的中间位置绘制水平直线。

（3）选中直线，选择绘图工具卡，在"格式"→"形状样式"组中找到"形状轮廓"下拉按钮，选择"虚线"为"方点"，颜色为标准色"蓝色"，如图 2-22 所示。

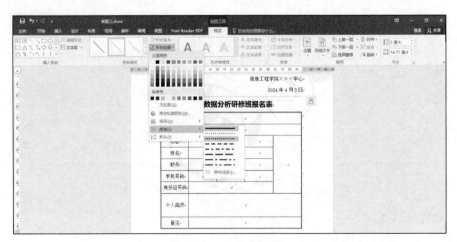

图 2-22　设置分割线

5．将文字转换成表格

（1）新建空白 Word 文档，并输入下列文字。

单位名称	部门	姓名	性别	照片
海南大学	计算机系	李翰镰	男	
海南大学	计算机系	高陆	男	
海南大学	计算机系	郭汾	女	
海南大学	计算机系	何小华	男	
兰州大学	信息系	华振翔	男	
兰州大学	信息系	黄晴	女	
兰州大学	信息系	李雨泽	女	
兰州大学	信息系	侯舟	男	
兰州大学	信息系	雷箫	男	
广州大学	物理系	李琪	女	
广州大学	物理系	张丹	女	
广州大学	物理系	张小建	男	
广州大学	物理系	吴齐南	男	

（2）选中输入的文字及文字间的空格，执行"插入"→"表格"→"文本转换成表格"命令，弹出图 2-23 所示的"将文字转换成表格"对话框，系统自动识别的列数为 5、行数为 14，单击"确定"按钮，形成一个"5 列 14 行"的表格，如图 2-24 所示。

图 2-23　"将文字转换成表格"对话框

（3）将光标定位在照片列第 1 个单元格，单击"插入"→"插图"→"图片"按钮，打开"插入图片"对话框，如图 2-25 所示，选择提供的"实验三素材"中的"通知单图片素材"文件夹，将"相片 1"～"相片 13"依次插入表格对应位置，并拖动图片右下角将其调整为适当大小。

（4）将文档保存为"报名信息.docx"。

图 2-24　转换后的表格

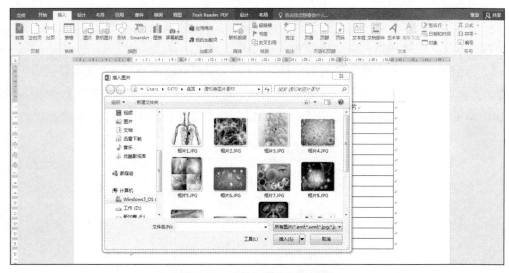

图 2-25　"插入图片"对话框

6. 合并邮件

（1）在"邮件"→"开始邮件合并"组中单击"选择收件人"下拉列表，选择"使用现有列表"，如图 2-26 所示。弹出"选取数据源"对话框，数据源为前面创建的"报名信息.docx"，选取文件后，单击"打开"按钮。

（2）单击"编辑收件人列表"按钮，弹出图 2-27 所示的"邮件合并收件人"对话框。

（3）选择通知单中的"单位名称"文字内容，单击"插入合并域"按钮，在下拉菜单中单击"单位名称"插入单位名称项；选中正文中的"××"符号，单击"插入合并域"按钮，在下拉菜单中单击"姓名"插入姓名项，如图 2-28 所示。

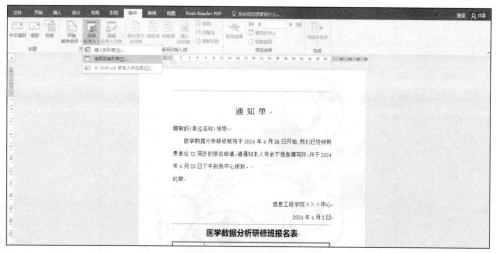

图 2-26　"选择收件人"按钮

图 2-27　"邮件合并收件人"对话框

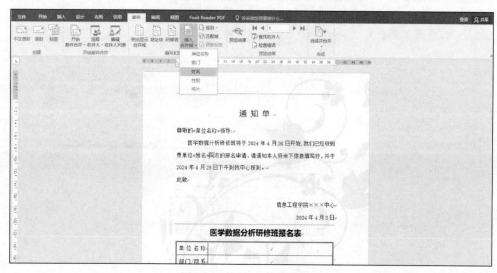

图 2-28　插入合并域的设置

（4）用同样的方法，在报名表的"单位名称""部门/院系""姓名""性别""照片"处插入相应数据，插入后的效果如图 2-29 所示。

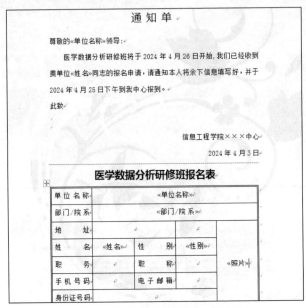

图 2-29　设置"插入合并域"后的效果

（5）单击"邮件"→"完成"→"完成并合并"，选择"编辑单个文档"，弹出"合并到新文档"对话框，设置合并记录为"全部"，如图 2-30 所示。单击"确定"按钮，弹出一个名称为"信函 1"的 Word 文档，保存为"通知单"。完成后的效果如图 2-31 所示。

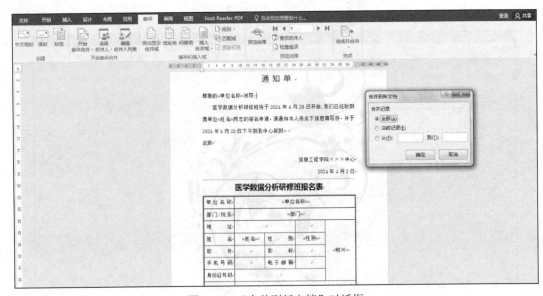

图 2-30　"合并到新文档"对话框

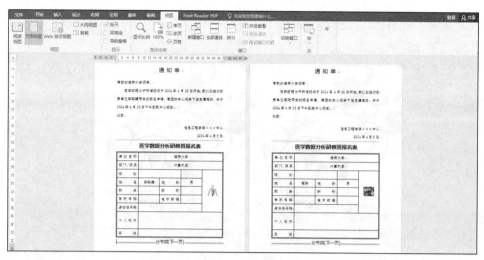

图 2-31　完成效果

实验 4　图文混排

2.4.1　实验目的

（1）掌握插入文本框、图片的方法。

（2）掌握插入艺术字的方法。

（3）掌握绘制简单图形的方法。

（4）掌握插入 SmartArt 图的方法。

2.4.2　实验内容

（1）另存为文件。

（2）绘制讲座边框。

（3）绘制讲座中的两个圆角矩形。

（4）插入文本框及艺术字。

（5）插入图片。

（6）插入箭头及 SmartArt 图形。

（7）设置项目符号。

2.4.3　实验步骤

1．另存为文件

（1）双击打开"第 2 章文字处理软件实验\实验四\Word 素材.docx"，执行"文件"→"另存为"命令，输入文件名"实验四"。

（2）单击"页面布局"选项卡，在"页面设置"选项组中单击扩展按钮，弹出"页面设置"对话框，切换到"纸张"选项卡，将"纸张"设置为"A4"。

（3）切换到"页边距"选项卡，将"页边距"的上、下、左、右分别设置为 2.5 厘米、2.5 厘米、3.2 厘米、3.2 厘米，如图 2-32 所示，单击"确定"按钮。

图 2-32　"页面设置"对话框

2．绘制讲座边框

（1）切换到"插入"选项卡，在"插图"选项组中单击"形状"下拉按钮，在其下拉列表中选择"矩形"，并在文档中进行绘制，绘制完成后，在"格式"选项卡的"大小"组中，设置形状高度为 29.7 厘米，宽度为 21 厘米。适当调整矩形的位置，占满 A4 纸张的整个篇幅。

（2）选中矩形，切换到"绘图工具"的"格式"选项卡，在"形状样式"选项组中将"形状填充"和"形状轮廓"都设置为主题颜色的"橙色，个性色 2，淡色 60%"，如图 2-33 所示。

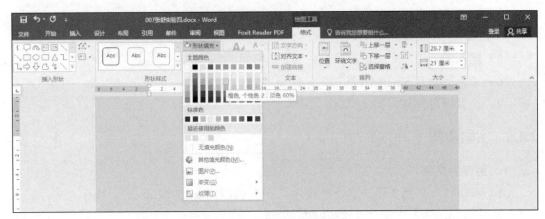

图 2-33　设置"形状填充"

（3）选中矩形，单击"排列"组中的"上移一层"下拉按钮，选择"浮于文字上方"。

（4）在橙色矩形上方按照步骤（1）的方式创建一个白色矩形，并将其"上移一层"，设置为"浮于文字上方"，"形状填充"设置为主题颜色的"白色"，"形状轮廓"设置为"无轮廓"。

3．绘制讲座中的两个圆角矩形

（1）切换到"插入"选项卡，在"插图"选项组中单击"形状"下拉按钮，在其下拉列表中选择"圆角矩形"，在合适的位置绘制圆角矩形，将"圆角矩形"形状填充设置为主题颜色的"橙色，个性色 2，淡色 60%"，"形状轮廓"设置为"无轮廓"。

（2）在绘制的圆角矩形上单击鼠标右键，在弹出的快捷菜单中选择"编辑文字"选项，在其中输入文字"复发性口腔溃疡的三种类型"并选中，在"开始"选项卡的"字体"组中，选择"字体颜色"下拉列表中标准色的"深蓝色"，单击"增大字体"按钮，单击"加粗"按钮，如图 2-34 所示。

图 2-34　在圆角矩形中添加文字

（3）在"复发性口腔溃疡的三种类型"文字下面，再次绘制一个"圆角矩形"，并调整此圆角矩形的大小。

（4）选中此圆角矩形，选择"绘图工具"下的"格式"选项卡，在"形状样式"选项组中将"形状填充"设置为"无填充颜色"；在"形状轮廓"列表中，选择"粗细"中的"1.5 磅"，"虚线"中的"短划线"，设置"颜色"为主题颜色的"橙色，个性色 2，淡色 60%"，如图 2-35 所示。

（5）选中圆角矩形，单击"排列"组中的"下移一层"按钮。

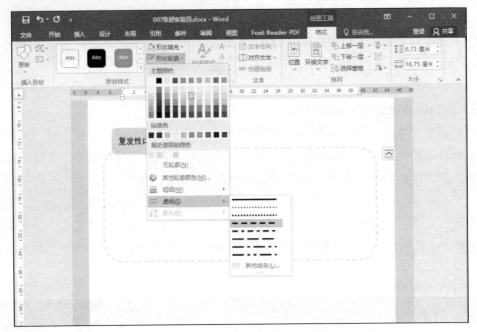

图 2-35　设置圆角矩形

4．插入文本框及艺术字

（1）在"插入"选项卡的"文本"组中选择"文本框"，如图 2-36 所示。在虚线圆角矩形框中合适的位置从左至右绘制 3 个文本框，并填入文字。在"开始"选项卡的"字体"组中，设置字体为等线，字号为小五号，颜色为标准色深蓝色，加粗。

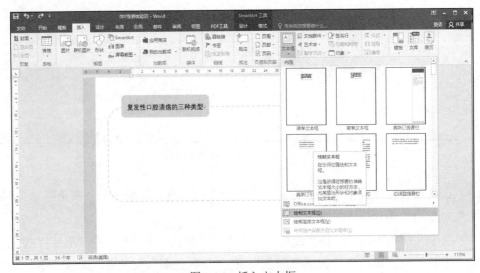

图 2-36　插入文本框

（2）选中文本框，单击"绘图工具"下的"格式"选项卡，在"形状样式"选项组中将"形状填充"设置为"无填充颜色"，在"形状轮廓"列表中选择"无轮廓"。

（3）按住"Ctrl"键拖动文本框，可复制 4 个文本框。将其中 3 个调整在虚线圆角矩形框中合适的位置，填入文字，字号改为四号；将另一个调整在虚线圆角矩形框上面合适的位置，填入文字，字体改为微软雅黑，字号改为 11 号，并设置首行缩进 2 字符，行距固定值为 20 磅，如图 2-37 所示。

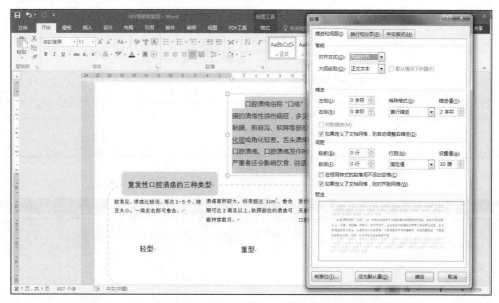

图 2-37　设置文本框格式

（4）选中虚线圆角矩形框上面的文本框，按住"Ctrl"键拖动文本框，可以复制一个文本框，将其调整到虚线圆角矩形框下面合适的位置和大小，填入文字，设置首行缩进 4 字符，单击"绘图工具"下的"格式"选项卡，在"形状样式"选项组中将"形状填充"设置为主题颜色"金色，个性色 4，淡色 80%"。

（5）单击"插入"选项卡，在"文本"选项组中单击"艺术字"下拉按钮，选择"渐变填充-蓝色，着色 1，反射"，如图 2-38 所示。输入文字"口腔溃疡知识讲座"，适当调整文字的位置和大小。选择"绘图工具"下的"格式"选项卡，单击"艺术字样式"组中的"文本填充"下拉按钮，选择主题颜色"橙色，个性 2"，单击"文本轮廓"下拉按钮，选择主题颜色"橙色，个性 2"。

（6）按照步骤（5）插入艺术字"口腔溃疡成因"，单击"艺术字"下拉按钮，选择"填充-黑色，文本 1，阴影"，单击"绘图工具"→"格式"→"文本"→"文字方向"下拉按钮，选择"垂直"选项，适当调整艺术字的位置和大小。

（7）插入另一组艺术字"保持健康的生活习惯、均衡饮食和良好的心理状态是预防口腔溃疡的关键。"，适当调整艺术字的位置和大小。切换到"绘图工具"下的"格式"选项卡，在"艺术字样式"选项组中单击"文本效果"下拉按钮，在弹出的下拉列表中选择"转换""跟随路径"的"上弯弧"，如图 2-39 所示。

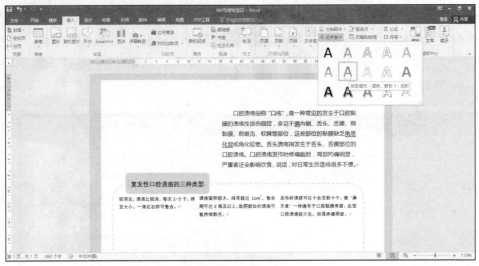

图 2-38　插入艺术字

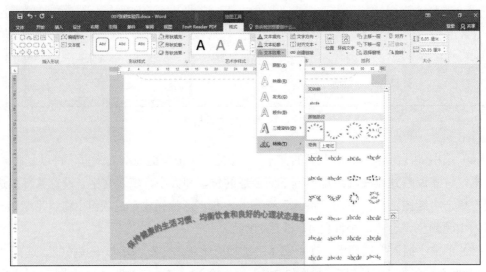

图 2-39　设置艺术字文本效果

5. 插入图片

（1）在"插入"选项卡的"插图"组中单击"图片"按钮，在弹出的"插入图片"对话框中选择"实验四素材"，如图 2-40 所示，选择"1.png"，单击"插入"按钮。

（2）切换到"图片工具"，在"格式"选项卡的"排列"组中单击"环绕文字"下拉按钮，选择"浮于文字上方"。单击"大小"组中的"裁剪"按钮，拖动四周的轮廓线进行裁剪，调整到合适的图案后再次单击"裁剪"按钮确认裁剪，如图 2-41 所示，并将图片拖动到合适位置。

（3）以同样的方法插入"2.png""3.png""4.png"，无须裁剪，将图片拖动到虚线圆角矩形框中合适的位置。

图 2-40 "插入图片"对话框

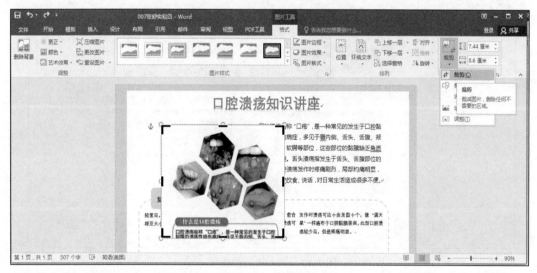

图 2-41 裁剪图片

6. 插入箭头及 SmartArt 图形

（1）在"插入"选项卡的"插图"组中单击"形状"下拉按钮，选择"线条"中的"箭头"，如图 2-42 所示。按住"Shift"键，在合适的位置绘制一个箭头。单击"绘图工具"→"格式"→"形状样式"组中的"形状轮廓"下拉列表，选择主题颜色"橙色，个性 2"，"粗细"为 4.5 磅。

（2）按照同样的方法，插入"箭头总汇"中的"上箭头"，设置"形状填充"为主题颜色"橙色，个性 2"，"形状轮廓"为"无轮廓"，完成效果如图 2-43 所示。

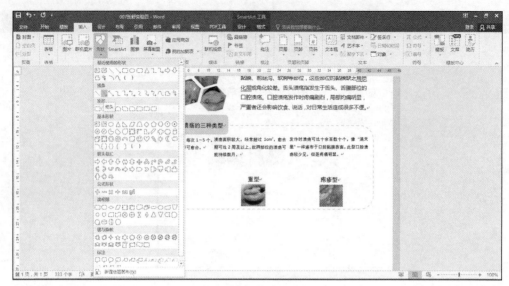

图 2-42　插入箭头

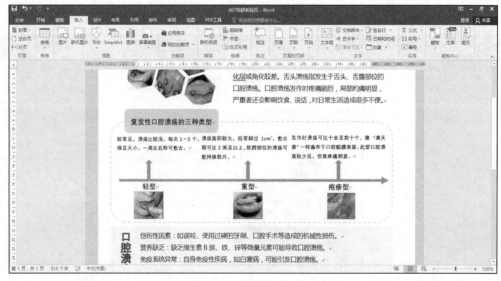

图 2-43　插入箭头的效果

（3）选择"插入"选项卡，在"插图"选项组中单击"SmartArt"按钮，弹出"选择SmartArt 图形"对话框，选择"列表"选项卡中的"水平项目符号列表"，如图 2-44 所示。

（4）选中 SmartArt 图，单击"SmartArt 工具"下的"格式"选项卡，单击"排列"下拉按钮，再单击"环绕文字"下拉按钮，选择"浮于文字上方"，并将图拖动到适当位置，调整图形大小。

（5）切换到"SmartArt 工具"下的"设计"选项卡，在"创建图形"选项组中单击"添加形状"按钮，在其下拉列表中选择"在后面添加形状"选项，使其成为 4 个，如图 2-45所示。

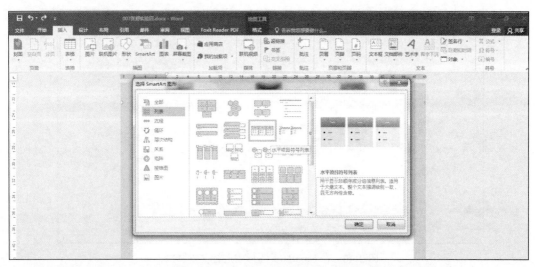

图 2-44　选择"水平项目符号列表"

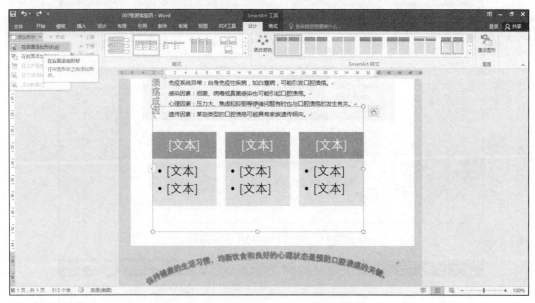

图 2-45　SmartArt 图形中添加形状

（6）单击 SmartArt 图形右边框的"<"，将光标定位在第四个一级文本处，按"Enter"键，切换到"SmartArt 工具"→"设计"→"创建图形"组中，单击"降级"按钮，如图 2-46 所示。将光标定位在第二个二级文本处，按"Backspace"键，在每个一级文本下保留一个二级文本。

（7）在文本框中输入相应的文字，适当设置字体大小。

（8）切换到"SmartArt 工具"的"设计"选项卡，在"SmartArt 样式"组中，单击"更改颜色"下拉按钮，在其下拉列表中，选择彩色中的"彩色范围-个性色 3 至 4"，如图 2-47 所示。设置 SmartArt 样式为三维中的"嵌入"，如图 2-48 所示。

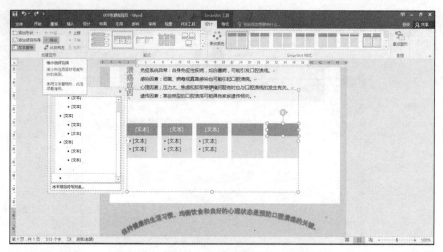

图 2-46　在 SmartArt 图形中进行文本降级

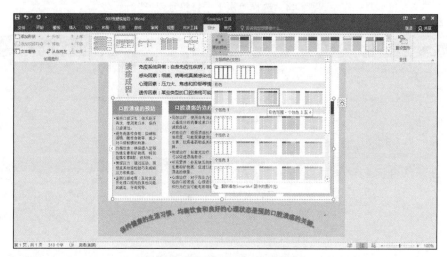

图 2-47　更改 SmartArt 图形颜色

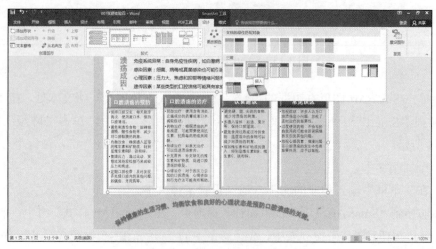

图 2-48　设置 SmartArt 样式

7. 设置项目符号

（1）选中"较常见，溃疡比较浅"文本框中的文字，单击"开始"选项卡"段落"组中的"项目符号"下拉按钮，在"项目符号库"中选择"对勾"符号，如图 2-49 所示。用同样的方法设置其余 2 个文本框中的文字。

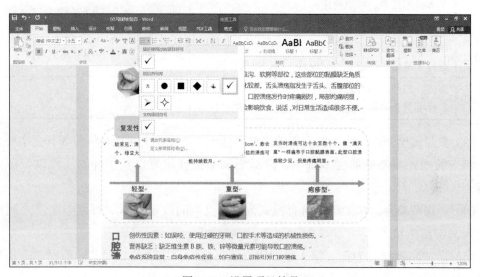

图 2-49　设置项目符号

（2）保存并关闭文档。

实验 5　长文档编辑

2.5.1　实验目的

（1）掌握修改样式格式，并应用指定样式的方法。

（2）掌握文档封面制作，在字符之间插入一个西文半角空格，以及添加链接的方法。

（3）掌握创建表格及图表并建立相关题注引用的方法。

（4）掌握插入目录、进行文档分栏、添加页眉的方法。

（5）掌握为文档添加纹理背景，并设置打印背景的方法。

2.5.2　实验内容

（1）进行页面设置。纸张大小为 16 开（18.4 厘米×26 厘米），上边距 3.2 厘米，下边距 2.5 厘米，左、右边距均为 2.5 厘米。

（2）按表 2-1 所示的要求修改指定样式的格式，并为相关文档段落应用指定标题样式。

表 2-1　修改指定样式的格式

样式	样式的格式修改	应用到段落
正文	中西文字体均为微软雅黑、小四号； 两端对齐、首行缩进 2 字符、单倍行距	无须指定，会默认应用到所有正文段落
标题 1	黑体、小二号、标准蓝色； 首行无缩进、段前 12 磅、段后 6 磅、单倍行距	以一、二……开头的段落
标题 2	黑体、小三号、标准蓝色； 首行无缩进、段前 6 磅、段后 3 磅、单倍行距	以（一）（二）……开头的段落
标题 3	黑体、四号、标准蓝色； 首行缩进 2 字符、段前 6 磅、段后 3 磅、单倍行距	以 1、2……开头的段落

（3）参照样例制作封面。在文档的最前面插入"运动型"封面，将前 3 行文字分别移动到相应的控件或新建的文本框中，并适当调整控件位置以及控件的属性以保证内容正确。

（4）查找和替换。在文档中所有样式为"正文"的段落文本的每两个字符之间插入一个西文半角空格。

（5）添加超链接。为正文第 3 段中用红色标注的文字"统计局队政府网站"添加超链接。要求链接文字访问前为标准绿色，访问后变为标准紫色。在"统计局队政府网站"文字右侧添加脚注，格式为"①，②，③……"、内容为红色的网址。为联系方式中的"电子邮件地址"右侧的×××@××××.gov.cn 添加电子邮件地址链接，同时保持显示内容不变。

（6）创建表格、图表和相关题注引用。将标题"（三）咨询情况"下用蓝色标记的段落转换为表格并自动调整大小，运用公式计算最后一行的合计值并按照图例显示设置其数值格式；为其套用一种表格样式，并显示"汇总行"；设置表格中所有行总是位于一页中。基于该表格的第 1、2 列数据，在表格下方的空行中嵌入一个三维饼图，要求饼图的三维格式、角度、图例位置、数据标签位置及数字格式均与样例一致。插入引用：在表格上方插入格式为"表 1"的自动题注；在饼图下方插入格式为"图表一"的自动题注；将表格上方段落中以红色标出的相关静态文字替换为动态的交叉引用。设置表格与其题注、饼图与其题注分别始终位于同一页中。

（7）插入目录。在封面页与正文之间插入目录，要求目录包含样式为"标题 1""标题 2""标题 3"的标题、表格题注、图表题注及对应页码，并且要求表格题注和图表题注与"标题 3"处于同一级别。

（8）分栏。将除封面页、目录页、前述步骤制作的表格、图表及相关题注以外的其他文档内容分为两栏显示。要求最后一页内容自动平衡显示在左右两栏中。

（9）添加页眉。除封面页和目录页外，在正文页中添加页眉，页眉内容见表 2-2，正文页码从第 1 页开始，封面页与目录页的页眉中均不显示任何内容。

表 2-2　页眉内容

页面	页眉内容
奇数页	包含文档标题属性及页码，中间以全角空格分隔，右对齐，下方用红色线条分隔，参考如下。 北京市政府信息公开工作年度报告　1
偶数页	包含页码及文档标题属性，中间以全角空格分隔，左对齐，下方用红色线条分隔，参考如下。 2　北京市政府信息公开工作年度报告

（10）为文档添加"羊皮纸"纹理背景，并打印背景，更新目录。

2.5.3　实验步骤

说明：本实验采用计算机等级考试中的原题材料，为保证材料的真实性，不对材料中的日期进行更新。

1．页面设置

（1）双击打开 Word 文档"实验五"，在"布局"选项卡的"页面设置"组中，单击右下角的扩展按钮，切换到"纸张"选项卡，单击"纸张大小"下拉按钮，选择"16 开"，如图 2-50 所示。

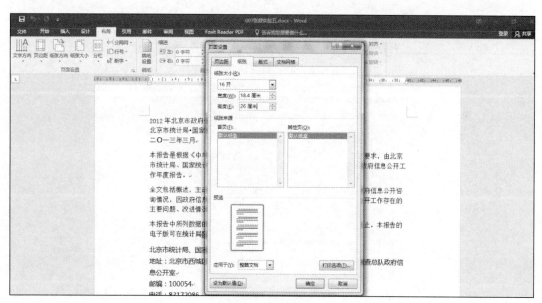

图 2-50　设置纸张大小

（2）切换到"页边距"选项卡，将"页边距"的上、下、左、右分别设置为 3.2 厘米、2.5 厘米、2.5 厘米、2.5 厘米，单击"确定"按钮。

2．修改指定样式的格式，并为相关文档段落应用指定标题样式

（1）在"开始"选项卡的"样式"组中，单击"其他"下拉按钮，在"正文"样式上单击鼠标右键，在弹出的快捷菜单中选择"修改"选项，如图 2-51 所示，弹出"修改样

式"对话框。单击"格式"下拉按钮，选择"字体"，如图 2-52 所示，设置中文字体为"微软雅黑"，西文字体为"使用中文字体"，字号为"小四"，单击"确定"按钮。单击"格式"下拉按钮，选择"段落"，设置对齐方式为"两端对齐"；单击"特殊格式"下拉按钮，选择"首行缩进"，缩进值默认为"2 字符"；单击"行距"下拉按钮，选择"单倍行距"，单击两次"确定"按钮。

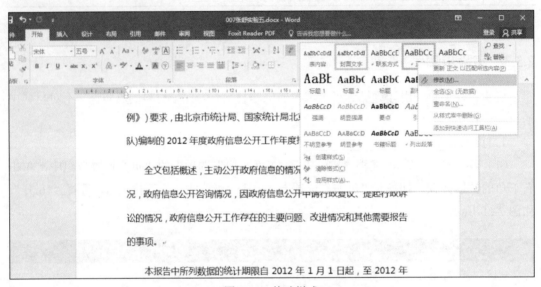

图 2-51　修改样式

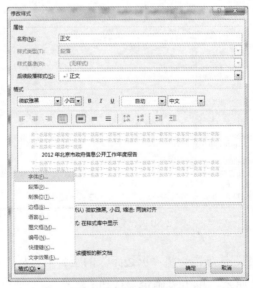

图 2-52　设置样式字体

（2）在样式库中的"标题 1"样式上单击鼠标右键，在弹出的快捷菜单中选择"修改"选项。单击"格式"下拉按钮，选择"字体"，设置中文字体为"黑体"，字形为"常规"，字号为"小二"，字体颜色为标准色中的"蓝色"，单击"确定"按钮。单击"格式"下拉按钮，选择"段落"，单击"特殊格式"下拉按钮，选择"无"，设置段前间距"12 磅"，段后间距"6 磅"，单击"行距"下拉按钮，选择"单倍行距"，如图 2-53 所示，单击两次"确定"按钮。

（3）将光标定位在"一、概述"中，在"样式"组的样式库中单击"标题 1"样式，如图 2-54 所示。按照同样的方法为其他以"一、二……"开头的段落应用"标题 1"样式。

（4）按照同样的方法，修改标题 2（见表 2-1）和标题 3（见表 2-1）的样式，并为相关段落应用对应样式（如果样式库中没有标题 3 样式，则先为段落应用标题 2 样式，标题 3 样式即可自动出现）。

图 2-53　设置样式段落

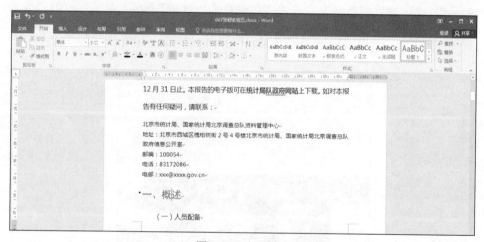

图 2-54　应用样式

3．参照样例制作封面

（1）将光标定位在文档开头，在"插入"选项卡的"页面"组中，单击"封面"下拉按钮，选择"运动型"样式，如图 2-55 所示。

（2）选择封面中的"年"字样，单击鼠标右键，在弹出的快捷菜单中选择"删除内容控件"选项，将文字"2012 年"剪切粘贴到该处，粘贴时选择"只保留文本"。删除作者控件、公司控件、日期控件与多余内容，剪切粘贴相应文字。

（3）将其余内容剪切粘贴到对应的标题控件中，无须删除控件。

（4）选中文本框中的"2012 年"，在"开始"选项卡的"字体"组中，设置字号为"小初"，字体颜色为标准色中的"深蓝"，按住文本框边框，将其拖动到左侧适当位置。

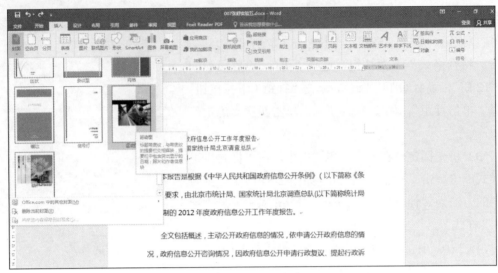

图 2-55　插入封面

（5）选中文字"北京市政府信息公开工作年度报告"，设置字体为"方正姚体"，字号为"29 号"。选中最后两行文字，设置字体颜色为"深蓝"，在"段落"组中，单击"右对齐"按钮。按住文本框边框，将其拖动到左侧适当位置。封面完成后的效果如图 2-56所示。

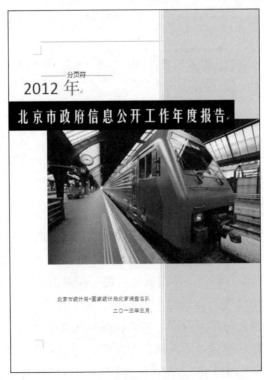

图 2-56　封面效果

4．查找和替换

（1）将光标定位在一处正文段落中，在"开始"选项卡的"编辑"组中，单击"选择"下拉按钮，选择"选定所有格式类似的文本（无数据）"，如图 2-57 所示。

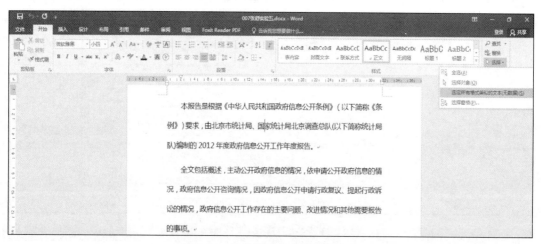

图 2-57　选定所有格式类似的文本

（2）在"开始"选项卡的"编辑"组中，单击"替换"按钮，打开"查找和替换"对话框，在"替换"选项卡中，单击"更多"中的"特殊格式"下拉按钮，选择"任意字符"，如图 2-58 所示。单击"替换为"文本框，输入一个西文半角空格，再单击"特殊格式"下拉按钮，选择"查找内容"，单击"全部替换"按钮，单击"否"，如图 2-59 所示，单击"关闭"按钮。

图 2-58　查找内容设置

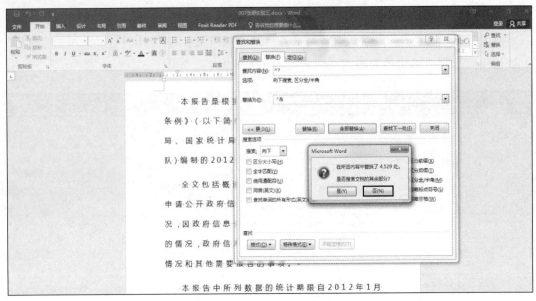

图 2-59　替换功能设置

5. 添加超链接

（1）选中文字"统计局队政府网站"，在"插入"选项卡的"链接"组中，单击"超链接"按钮，输入网址，单击"确定"按钮，如图 2-60 所示。

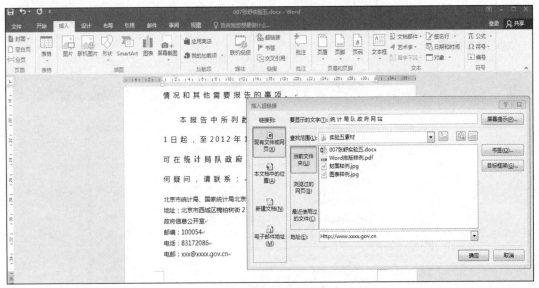

图 2-60　插入超链接

（2）在"设计"选项卡的"文档格式"组中，单击"颜色"下拉按钮，选择"自定义颜色"，如图 2-61 所示。单击"超链接"右侧的下拉按钮，选择标准色中的绿色，单击"已访问的超链接"右侧的下拉按钮，选择标准色中的紫色，单击"保存"按钮。

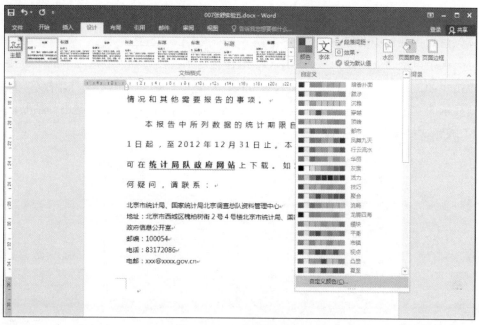

图 2-61　设置超链接颜色

（3）选中文字"统计局队政府网站"（包括"站"后面的空格），在"引用"选项卡的"脚注"组中，单击"插入脚注"，输入脚注内容为网址，单击"脚注"组右下角的扩展按钮，打开"脚注和尾注"对话框。在"编号格式"中选择带圈的数字，单击"应用"按钮，如图 2-62 所示。

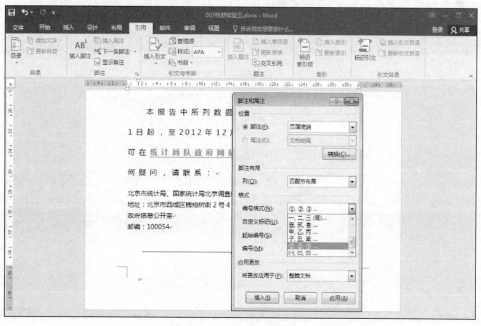

图 2-62　设置脚注编号格式

（4）选中脚注内容，设置字体颜色为标准色中的红色。选中正文中的带圈数字①，设置字体颜色为标准色中的红色。

（5）选中电子邮件地址，按"Ctrl+C"组合键复制，在"插入"选项卡的"链接"组中，单击"超链接"按钮，打开"插入超链接"对话框。选择"电子邮件地址"，按顺序在"要显示的文字"和"电子邮件地址"文本框中均按"Ctrl+V"组合键进行粘贴，单击"确定"按钮，如图 2-63 所示。

图 2-63　添加电子邮件地址链接

6．创建表格、图表和相关题注引用

（1）选中标题"（三）咨询情况"下蓝色标记的文字，在"插入"选项卡的"表格"组中，单击"表格"下拉按钮，选择"文本转换成表格"，确认为 5 行 3 列，单击"确定"按钮。

（2）保持表格选中状态，在"表格工具"→"布局"选项卡的"单元格大小"组中，单击"自动调整"下拉按钮，选择"根据窗口自动调整表格"，如图 2-64 所示。

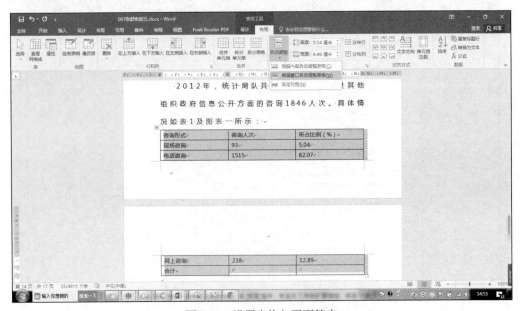

图 2-64　设置表格与页面等宽

（3）将光标定位在第 2 列最后一行单元格上，在"数据"组中，单击"公式"按钮，确认公式为"=SUM(ABOVE)"，在"编号格式"中选择"#,##0"，单击"确定"按钮，如图 2-65 所示。将光标定位在最后一个单元格上，单击"公式"按钮，确认公式为"=SUM(ABOVE)"，在"编号格式"中选择"0.00"，单击"确定"按钮。

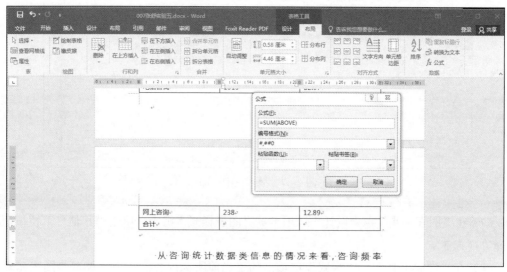

图 2-65 运用公式计算合计值

（4）将光标定位在表格中，在"表格工具"→"设计"选项卡的"表格样式"组中，单击"其他"下拉按钮，选择"网格表 4-着色 1"，在"表格样式选项"组中，勾选"汇总行"。选中表格第一行，在"开始"选项卡的"字体"组中，设置字体颜色为标准色中的"黄色"，选中其他行，设置字体颜色为主题颜色"黑色，文字 1"。

（5）选中整个表格，在"段落"组中，单击右下角的扩展按钮，在"换行和分页"选项卡中，勾选"与下段同页"，单击"确定"按钮，如图 2-66 所示。

（6）选中表格的第 1、2 列数据（不包括合计行），按"Ctrl+C"组合键复制，将光标定位在表格下方的空行中，在"插入"选项卡的"插图"组中，单击"图表"按钮，选择"三维饼图"，如图 2-67 所示，单击"确定"按钮。在弹出的 Excel 中，选中 A1 单元格，按"Ctrl+V"组合键粘贴，调整数据区域为 A1:B4，关闭 Excel 文件。

图 2-66 设置表格所有行位于一页

图 2-67　插入三维饼图

（7）在"图表工具"→"设计"选项卡的"图表样式"组中，单击"其他"下拉按钮，选择"样式3"。

（8）在"图表工具"→"格式"选项卡的"当前所选内容"组中，单击"图表元素"下拉按钮，选择"系列'咨询人次'"，单击"设置所选内容格式"选项，打开"设置数据系列格式"窗口；在"系列选项"中，设置"第一扇区起始角度"为"240°"，设置"饼图分离程度"为"10%"，如图 2-68 所示。切换到"⬠"效果选项卡，单击展开"三维格式"菜单，单击"顶部棱台"下拉按钮，选择一种棱台效果，宽度、高度均为 360 磅；单击"底部棱台"下拉按钮，选择一种棱台效果，宽度、高度均为 360 磅，如图 2-69 所示。

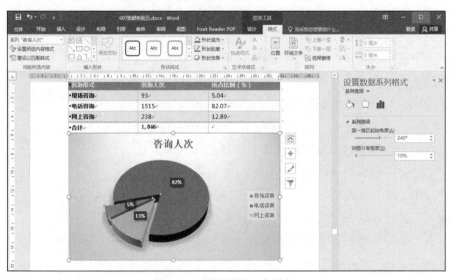

图 2-68　设置饼图分离效果

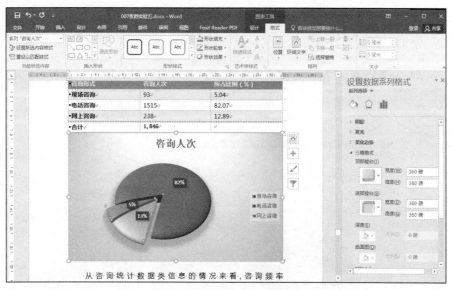

图 2-69　设置饼图三维效果

（9）在"图表工具"→"格式"选项卡的"当前所选内容"组中，单击"图表元素"下拉按钮，选择"系列'咨询人次'数据标签"，单击"设置所选内容格式"选项，打开"设置数据标签格式"窗口，如图 2-70 所示。在"标签包括"中勾选"百分比"，在"标签位置"中选择"数据标签内"，单击展开"数字"菜单，单击"类别"下拉按钮，选择"百分比"，设置小数位数为 2。

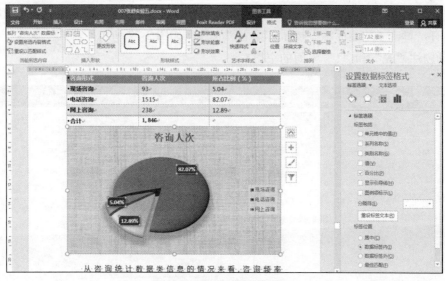

图 2-70　设置数据标签格式

（10）在"图表工具"→"格式"选项卡的"当前所选内容"组中，单击"图表元素"下拉按钮，选择"图表区"，单击"设置所选内容格式"选项，打开"设置图表区格式"

窗口；在"填充"中选择"图片或纹理填充"，单击"纹理"右侧的下拉按钮，选择"白色大理石"效果，如图 2-71 所示。

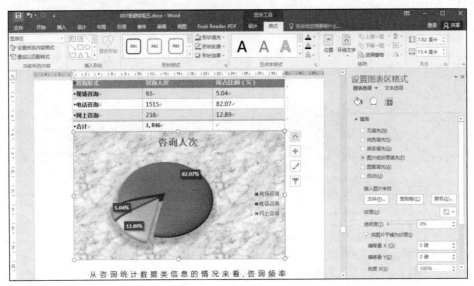

图 2-71　设置图表填充效果

（11）在"图表工具"→"设计"选项卡的"图表布局"组中，单击"添加图表元素"下拉按钮，选择"图表标题"中的"无"。

（12）将光标定位在表格上方文字末尾，按"Enter"键生成新的空行，在"引用"选项卡的"题注"组中，单击"插入题注"按钮，打开"题注"窗口；在"标签"中选择"表"（如果没有，单击"新建标签"按钮，输入"表"），如图 2-72 所示，单击"确定"按钮，删除自动题注"表"和"1"中间的空格。

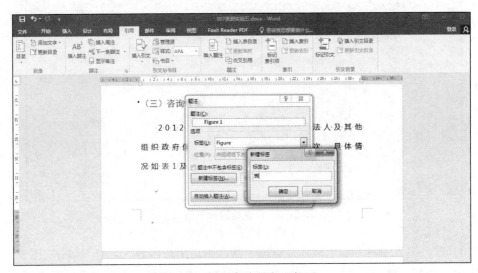

图 2-72　插入自动题注"表 1"

（13）将光标定位在图表右侧，按"Enter"键生成新的空行，单击"插入题注"按钮，打开"题注"窗口；在"标签"中选择"图表"（如果没有，单击"新建标签"按钮，输入"图表"），单击"确定"按钮。单击"编号"按钮，在"格式"中选择"一，二，三(简)…"，如图 2-73 所示。单击两次"确定"按钮，删除自动题注"图表"和"一"中间的空格。

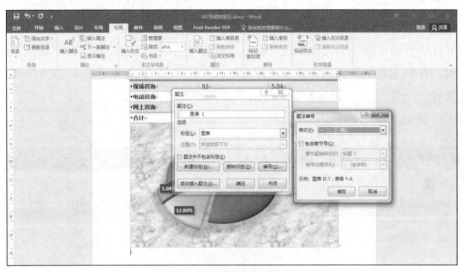

图 2-73 插入自动题注"图表一"

（14）选中红色文字"表 1"，在"题注"组中，单击"交叉引用"按钮，打开"交叉引用"窗口；选择"引用类型"为"表"，"引用内容"为"只有标签和编号"，"引用哪一个题注"为"表 1"，如图 2-74 所示。单击"插入"按钮，单击"关闭"按钮。在交叉引用两个字符"表"和"1"中间输入西文半角空格（英文半角状态下按空格键）。

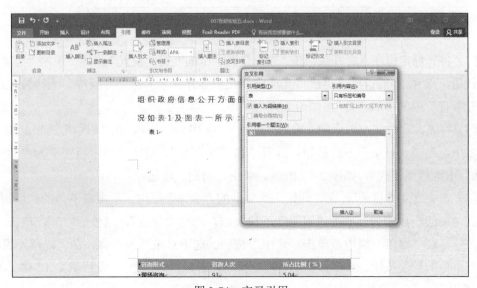

图 2-74 交叉引用

（15）按照同样的方法，将红色文字"图表一"替换为交叉引用。

（16）将光标定位在自动题注"表 1"中，在"开始"选项卡的"段落"组中，单击右下角的扩展按钮，在"换行和分页"选项卡下勾选"与下段同页"，单击"确定"按钮。

（17）将光标定位在饼图右侧，在"开始"选项卡的"段落"组中，单击右下角的扩展按钮，在"换行和分页"选项卡下勾选"与下段同页"，单击"确定"按钮。

7．插入目录

（1）在"开始"选项卡的"样式"组中，单击"其他"下拉按钮，在"题注"上单击鼠标右键，在弹出的快捷菜单中选择"修改"命令，如图 2-75 所示。单击"格式"下拉按钮，选择"段落"，在"缩进和间距"选项卡下，设置"大纲级别"为"3 级"，单击两次"确定"按钮。

图 2-75　修改题注格式（1）

（2）将光标定位在正文开头，在"布局"选项卡的"页面设置"组中，单击"分隔符"下拉按钮，选择"分页符"。再次将光标定位在正文开头，单击"分隔符"下拉按钮，选择"分节符"中的"下一页"，如图 2-76 所示。

（3）将光标定位在空白页中，输入"目录"，按"Enter"键，在"引用"选项卡的"目录"组中，单击"目录"下拉按钮，选择"自定义目录"，确认"显示级别"为"3"，在"格式"中选择"正式"，如图 2-77 所示，单击"确定"按钮。

（4）选中文字"目录"，在"开始"选项卡的"字体"组中，单击右下角的扩展按钮，切换到"高级"选项卡，单击"间距"下拉按钮，选择"加宽"，磅值为"6"，单击"确定"按钮。在"段落"组中，单击"居中"按钮。选中目录其余内容，在"段落"组中，单击右下角的扩展按钮，单击"行距"下拉按钮，选择"固定值"，设置值为 18 磅，单击"确定"按钮。在"字体"组中，单击两次"倾斜"按钮。

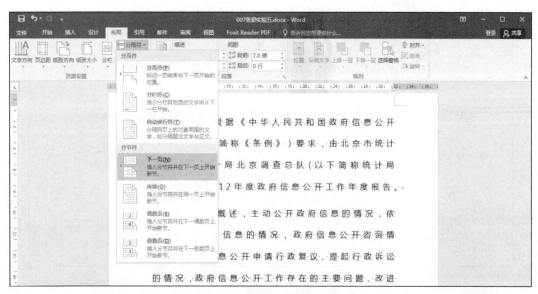

图 2-76 修改题注格式（2）

图 2-77 插入目录

8. 分栏

（1）选中正文中表格题注上方的所有内容（注意字符间的空格），在"布局"选项卡的"页面设置"组中，单击"分栏"下拉按钮，选择"两栏"选项，如图 2-78 所示。

（2）选中图表图注下方的所有内容（注意不要选择文章末尾的段落标记），单击"分栏"下拉按钮，选择"两栏"选项。

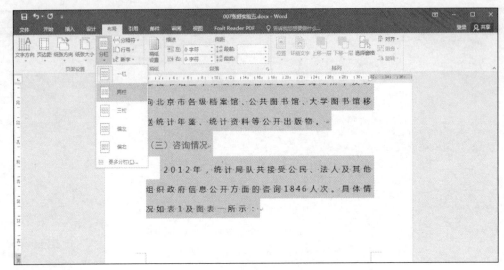

图 2-78　分栏

9．添加页眉

（1）双击正文第一页的页眉处，进入页眉编辑状态。在"页眉和页脚工具"→"设计"选项卡的"页眉和页脚"组中，单击"页脚"下拉按钮，选择"删除页脚"选项。在"页眉和页脚工具"→"设计"选项卡的"选项"组中，取消勾选"首页不同"，勾选"奇偶页不同"；在"导航"组中取消选中"链接到前一条页眉"，如图 2-79 所示。将光标定位到正文第二页的页眉处，同样取消选中"链接到前一条页眉"。将光标定位到正文第一页的页眉处，在"页眉和页脚工具"→"设计"选项卡的"页眉和页脚"组中，单击"页码"下拉按钮，选择"当前位置"中的"普通数字"，如图 2-80 所示。选中页眉插入的页码"0"，在"页眉和页脚"组中，单击"页码"下拉按钮，选择"设置页码格式"，设置起始页码为1，单击"确定"按钮。

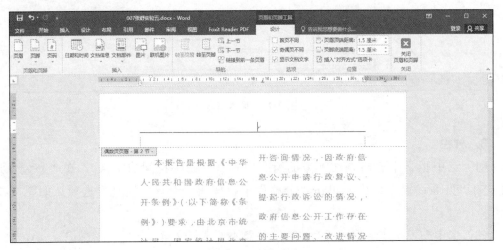

图 2-79　设置页眉

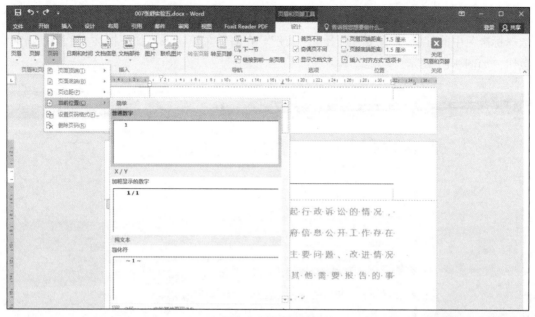

图 2-80　插入页码

（2）将光标定位到正文第一页的页码"1"的前面，在"页眉和页脚工具"→"设计"选项卡的"插入"组中，单击"文档部件"下拉按钮，选择"文档属性"中的"标题"，如图 2-81 所示，按"→"方向键，输入一个全角空格。

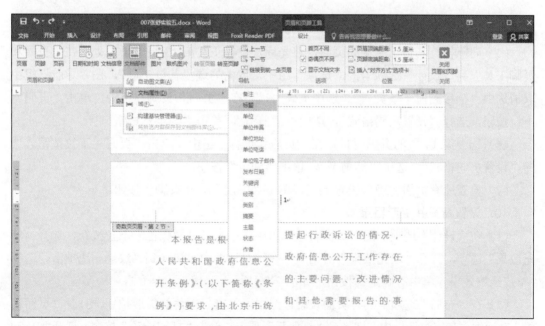

图 2-81　在页眉中插入标题

（3）选中整个页眉内容，在"开始"选项卡的"段落"组中，单击"右对齐"按钮。

单击"边框"下拉按钮，选择"边框和底纹"选项，打开"边框和底纹"对话框；"颜色"选择标准色中的红色，"宽度"选择"3.0磅"，在右侧预览区域添加下框线，单击"确定"按钮，如图2-82所示。

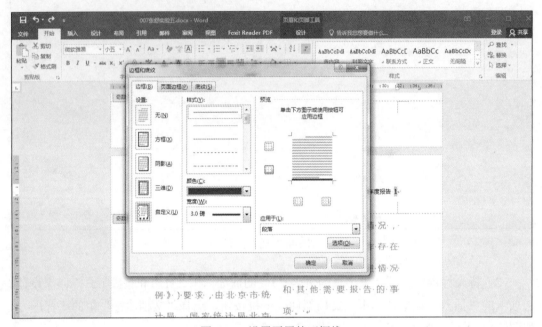

图2-82　设置页眉的下框线

（4）按照同样的方法设置正文第二页的偶数页页眉。

（5）向下检查其余正文页的页眉，将光标定位在正文第13页的页眉处，在"页眉和页脚工具"→"设计"选项卡的"选项"组中，取消勾选"首页不同"，在"导航"组中取消选中"链接到前一条页眉"。选中页码"1"，在"页眉和页脚"组中，单击"页码"下拉按钮，选择"设置页码格式"，选中"续前节"，单击"确定"按钮。

（6）选中第14页的页码"1"，在"页眉和页脚"组中，单击"页码"下拉按钮，选择"设置页码格式"，选中"续前节"，单击"确定"按钮。

（7）检查所有页眉，确认设置无误，单击"关闭页眉和页脚"按钮。

10．设置背景并更新目录

（1）在"设计"选项卡的"页面背景"组中，单击"页面颜色"下拉按钮，选择"填充效果"选项，打开"填充效果"对话框。在该对话框中，切换到"纹理"选项卡，选择"羊皮纸"效果，单击"确定"按钮，如图2-83所示。

（2）在"布局"选项卡的"页面设置"组中，单击右下角的扩展按钮，打开"页面设置"对话框。在该对话框中，切换到"纸张"选项卡，单击"打印选项"按钮，打开"Word选项"窗口；在该窗口中，切换到"显示"选项卡，勾选"打印背景色和图像"，单击两次"确定"按钮，如图2-84所示。

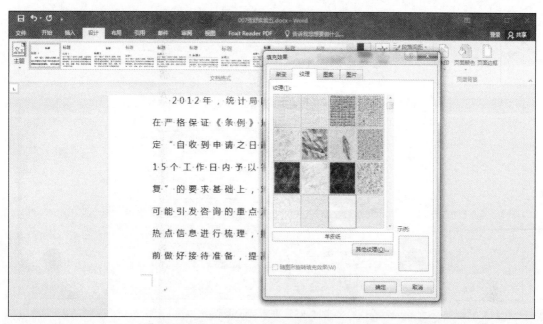

图 2-83　添加纹理背景

图 2-84　设置打印背景

（3）在目录上单击鼠标右键，在弹出的快捷菜单中选择"更新域"，打开"更新目录"对话框，选中"只更新页码"，单击"确定"按钮，如图 2-85 所示。

（4）保存并关闭文件。

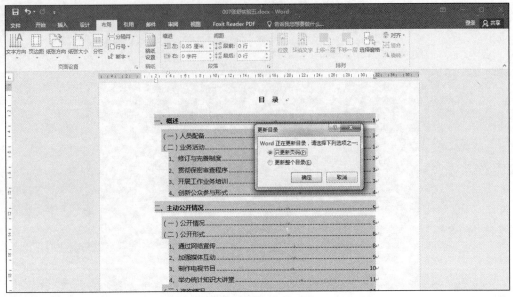

图 2-85　更新目录页码

Word 2016 综合练习

综合练习 1

打开"第 2 章文字处理软件实验"中的"综合练习 1.docx"（".docx"为文件扩展名），完成以下操作。

（1）调整纸张大小为 A4，左、右页边距均为 2 厘米，上、下页边距均为 2.3 厘米。

（2）将表格外的所有文本的中文字体及段落格式设置为仿宋、四号、首行缩进 2 字符、单倍行距，将表格外的所有英文字体设置为 Times New Roman、四号，保持表格中内容的字体、字号、段落格式不变。

（3）为第 1 段"企业质量管理浅析"应用样式"标题 1"，并居中对齐。为"一、""二、""三、""四、""五、""六、"对应的段落应用样式"标题 2"。

（4）为文档中的蓝色文字添加某一类项目符号。

（5）对文中的表格进行下列设置。

① 将标题段"表 1 质量信息表"置于表格上方居中显示，并且无首行缩进。

② 将表格及其上方的表格标题"表 1 质量信息表"调整在 1 页内，并且始终位于同一页中，并将该页纸张方向设置为横向。

③ 删除表格最下面的空行，将表格按"反馈单号"从小到大的顺序排列。

④ 为表格应用一种内置表格样式，令所有单元格的内容水平和垂直均居中对齐。

⑤ 调整表格宽度为始终自动与窗口等宽，加大表格高度并令各行等高。

（6）在文档标题"企业质量管理浅析"之后、正文"有人说：产量是……"之前插入仅包含第 2 级标题的目录，目录及其上方的文档标题单独作为 1 页且位于独立的节中，将目录项设置为三号字、3 倍行距。

（7）仅为目录页添加页眉"质量管理"并居中对齐。在文档的底部靠右位置插入页码，页码形式为"第几页共几页"，要求其中的页码和总页数能够自动更新，目录页不显示页码且不计入总页数，正文页码从第 1 页开始显示。最后更新目录页码。

（8）为除目录页以外的文档正文添加文字水印"质量是企业的生命"，格式为宋体、字号 80、斜式、标准黄色、半透明。

综合练习 2

打开"第 2 章文字处理软件实验"中的"综合练习 2.docx"（".docx"为文件扩展名），完成以下操作。

（1）查看文档中含有绿色标记的标题，例如"致我们的股东""财务概要"等，将其段落格式添加到本文档样式库的"样式 1"中。

（2）修改"样式 1"样式，设置其字体为黑色、黑体，并为该样式添加 0.5 磅的黑色、单线条下划线边框，将该下划线边框应用于"样式 1"所匹配的段落中，将"样式 1"重新命名为"报告标题 1"。

（3）为文档中所有含有绿色标记的标题文字段落应用"报告标题 1"样式。

（4）在文档的第 1 页与第 2 页之间，插入新的空白页，并将文档目录插入该页。文档目录要求包含页码，并仅包含"报告标题 1"样式所示的标题文字。为自动生成的"目录"段落应用"目录标题"样式。

（5）因为财务数据信息较多，所以需要设置文档第 5 页"现金流量表"段落区域内的表格标题可以自动出现在表格所在页面的表头位置。

（6）在"产品销售一览表"段落区域的表格下方，以嵌入型的环绕方式插入一个产品销售分析图，图表样式请参考"分析图样例.jpg"文件，并将图表调整到与文档页面宽度相匹配。

（7）修改文档页眉，要求文档第 1 页不包含页眉，文档目录页不包含页码，从文档第 3 页开始在页眉的左侧区域包含页码，在页眉的右侧区域自动填写该页中"报告标题 1"样式所示的标题文字。

（8）为文档添加水印，水印文字为"机密"，并设置为斜式版式。

（9）根据文档内容的变化，更新文档目录的内容与页码。

第3章

电子表格——Excel 实验

3.1.1　实验目的

（1）掌握 Excel 2016 电子表格的启动和退出操作方法。

（2）熟悉 Excel 2016 电子表格的窗口界面。

（3）掌握工作区、工作表的管理及相关操作方法。

（4）掌握使用 Excel 2016 电子表格建立文档的方法并将其保存在磁盘上。

3.1.2　实验内容

（1）启动和退出 Excel 2016。

（2）在 Excel 2016 窗口中完成相应的操作。

（3）增加一张新的工作表，将其放置于 Sheet1 的后面，命名为"工作表 1"，将标签颜色设置为紫色，并删除工作表 Sheet1。

（4）将工作簿保存到桌面，将其命名为"学号末三位+姓名"（例如 101 张五）。

3.1.3　实验步骤

1. 启动 Excel 2016

（1）单击"开始"按钮，选择"所有程序"中的"Excel 2016"命令，如图 3-1 所示。

（2）双击桌面上已有的"Excel 2016"快捷方式。

（3）双击已有的 Excel 工作簿文件（扩展名为.xlsx），启动 Excel 2016。

（4）在桌面空白处单击鼠标右键，在弹出的快捷菜单中选择"新建"→"Microsoft Excel 工作表"选项，如图 3-2 所示。

图 3-1　从"开始"菜单栏启动

图 3-2　使用"新建"快捷菜单启动

2．退出 Excel 2016

（1）单击"文件"按钮，选择"关闭"，可退出 Excel 程序。

（2）使用"Alt + F4"组合键关闭 Excel 窗口。

（3）在控制按钮处单击"关闭"按钮关闭 Excel 窗口。

（4）双击 Excel 2016 标题栏最左边的 ，关闭 Excel 窗口。

3．按要求依次完成所需要的操作

（1）进行窗口的最大化和最小化及还原操作。

（2）观察行号、列号的变化，操作工作簿的水平、垂直滚动条。

（3）分别单击 Excel 2016 界面上的功能选项卡，观察每个选项卡所包含的内容，其中淡灰色的图标表明此时不可执行，如图 3-3 所示。

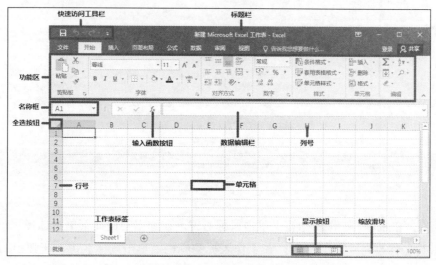

图 3-3　Excel 2016 窗口界面

4．工作表的操作

（1）在"Sheet1"工作表标签上单击鼠标右键，在弹出的快捷菜单中，执行"插入"命令，如图 3-4 所示。也可以通过单击右侧的 ⊕ 按钮增加工作表。

图 3-4　"插入"工作表

（2）在弹出的"插入"对话框中选择"常用"选项卡下的"工作表"，如图 3-5 所示。在 Sheet1 工作表前面创建一个新的工作表"Sheet2"。选择 Sheet1 工作表标签后直接单击"Sheet1"工作表标签后面的 ⊕ 按钮，在"Sheet1"之后创建新的工作表"Sheet3"。

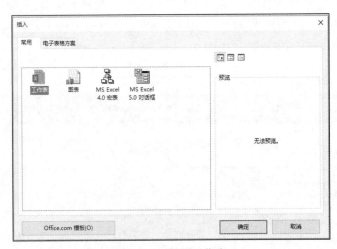

图 3-5　插入新工作表

（3）在"Sheet3"工作表标签上单击鼠标右键，在弹出的快捷菜单中选择"重命名"选项，将其名称改为"工作表 1"，在工作表标签颜色上单击鼠标右键，在弹出的快捷菜单中执行"工作表标签颜色"命令，将标签颜色修改为紫色，效果如图 3-6 所示。

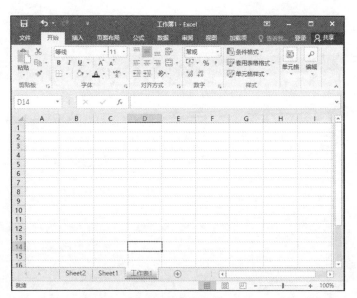

图 3-6　重命名工作表

（4）将"工作表 1"工作表拖动至"Sheet2"工作表后。

（5）在"Sheet1"工作表标签上单击鼠标右键，在弹出的快捷菜单中，选择"删除"选项。

5．保存工作簿

（1）单击快速访问工具栏上的 ■ 图标，或者选择"文件"选项卡中的"保存"选项。

（2）在弹出的"另存为"对话框中，选择保存到桌面，如图 3-7 所示。

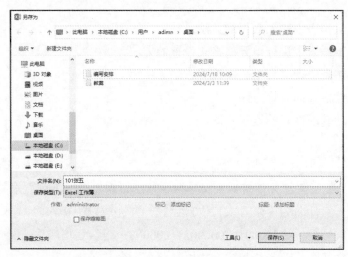

图 3-7　"另存为"对话框

（3）在"另存为"对话框的"文件名"文本框中输入"学号末三位+姓名"。

（4）单击"标题栏"右上角的"关闭"按钮，退出 Excel 2016。

完成上述操作后的效果如图 3-8 所示。

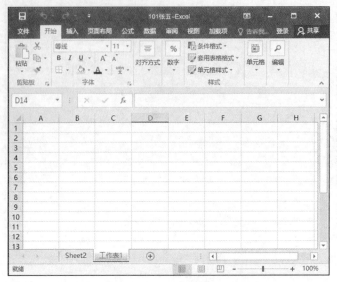

图 3-8　实验 1 的效果

实验 2　工作表的基本操作与格式化

3.2.1　实验目的

（1）掌握在工作表中输入数据的方法。

（2）掌握在工作表中进行单元格格式设置的方法。

（3）掌握工作表中行、列格式的设置方法。

（4）掌握条件格式的设置方法。

（5）了解自动套用格式的设置方法。

3.2.2　实验内容

图 3-9 所示是某医院部分住院病人医疗费用情况，需要根据下列要求制作费用表，将其保存在桌面上，文件名为"学号末三位+姓名"，并完成以下操作。

（1）将病人编号列按"000001、000002、000003……"递增顺序进行排列。

（2）将标题"某医院部分住院病人费用一览表"合并居中显示，字体为黑体、红色、加粗、字号为 23 磅。

（3）第二行行高为 26，B 列列宽为 8，数据居中显示。

（4）将表格中数字格式设置为货币专用的符号¥，并保留一位小数，适当调整列宽。

（5）将费用大于 3000 元的用"红色""加粗"显示；费用小于 1000 元的用"蓝色""倾斜"显示。

（6）设置表格的外边框为黑色加粗实线，内边框为黑色实线；设置第二行的下边框线为红色双线。

（7）将 A2:I17 单元格中的所有数据设置垂直对齐为居中。

（8）将住院病人费用表的数据区域套用"表样式中等深浅 5"格式。

3.2.3　实验步骤

（1）启动 Excel 2016 电子表格，选中 A1 单元格并输入"某医院部分住院病人费用一览表"，在 A3 单元格中输入"000001"，当鼠标指针变成实心的十字形状时，向下拖动鼠标，使 A3:A17 自动快速填充数据。输入的数据如图 3-9 所示。

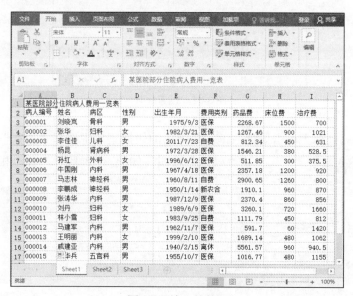

图 3-9　输入的数据

（2）选中 A1:I1 单元格，选择"开始"选项卡"对齐方式"组中的"合并后居中"按钮 ，使标题居中显示，如图 3-10 所示。

图 3-10　合并单元格

（3）在标题栏单元格区域单击鼠标右键，在弹出的快捷菜单中，选择"设置单元格格式"选项，在弹出的对话框中选择"字体"选项卡，设置字体为"黑体"，字号为"23"，颜色为"红色"，设置字形为"加粗"，单击"确定"按钮，如图 3-11 所示。

图 3-11 设置字体

（4）在 B 列列标上单击鼠标右键，在弹出的快捷菜单中选择"列宽"选项，在"列宽"对话框中输入数字"8"，单击"确定"按钮，如图 3-12 所示，并以相同的方式设置第 2 行的行高为"26"。

图 3-12 设置列宽

（5）选中 G3:I17 单元格区域，选择"开始"选项卡中的数字选项卡，单击右下角的扩展按钮 数字 。在弹出的对话框中，打开"数字"选项卡，选择"分类"为"货币"，货币符号为"¥"，并保留一位小数，单击"确定"按钮，如图 3-13 所示。

图 3-13　设置数字格式

（6）选中 G3:I17 单元格区域，单击"开始"选项卡中的条件格式按钮，选择"突出显示单元格规则"中的"其他规则"选项，将费用大于 3000 元的数据用"红色""加粗"显示，如图 3-14 所示。并以相同的方式将费用小于 1000 元的数据用"蓝色""倾斜"显示。

图 3-14　设置条件格式

（7）选中 A1:I17 单元格区域，单击鼠标右键，在弹出的快捷菜单中选择"设置单元格格式"选项，在弹出的对话框中选择"边框"选项卡，先在"线条"中选择黑色加粗线条样式，单击指定外边框位置的按钮，或者在预览框中单击外边框线，设置外边框为黑色加粗实线。然后在"线条"中选择黑色线条样式，单击指定内边框位置的按钮，设置内边框线，如图 3-15 所示。

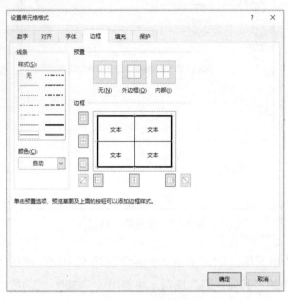

图 3-15　设置边框

（8）选中 A2:I2 单元格区域，单击鼠标右键，在弹出的快捷菜单中选择"设置单元格格式"选项。在弹出的对话框中选择"边框"选项卡，先在"线条"颜色中选择红色，在样式中选择双线线条，单击预览框中的下边框线图标，如图 3-16 所示。

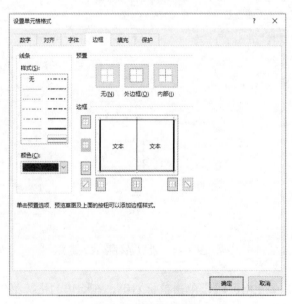

图 3-16　设置下边框

（9）选中 A2:I17 单元格区域，单击"开始"选项卡中的对齐方式按钮，设置垂直对齐为"居中"。

（10）选中 A2:I17 单元格区域。选择"开始"选项卡，单击"套用表格格式"按钮，选择"表样式中等深浅 5"，完成自动套用格式的设置，如图 3-17 所示。

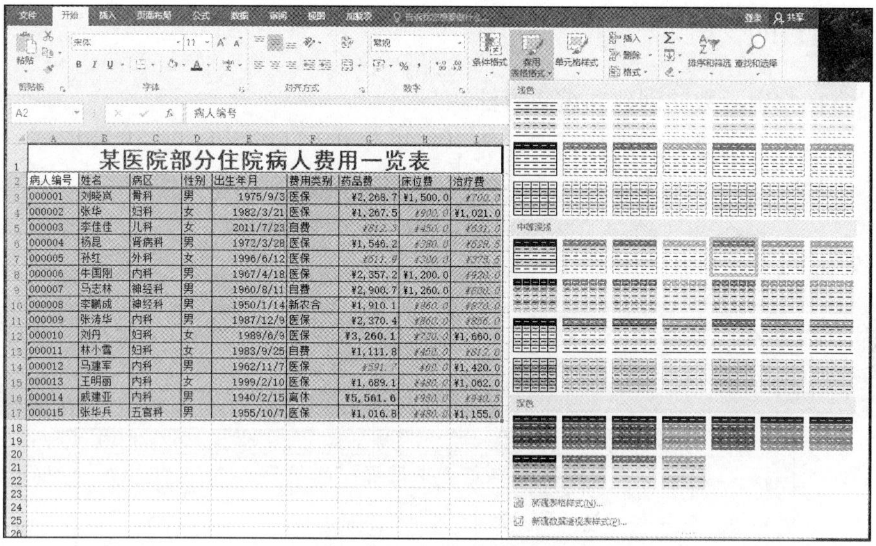

图 3-17　自动套用格式

完成上述操作的效果如图 3-18 所示。

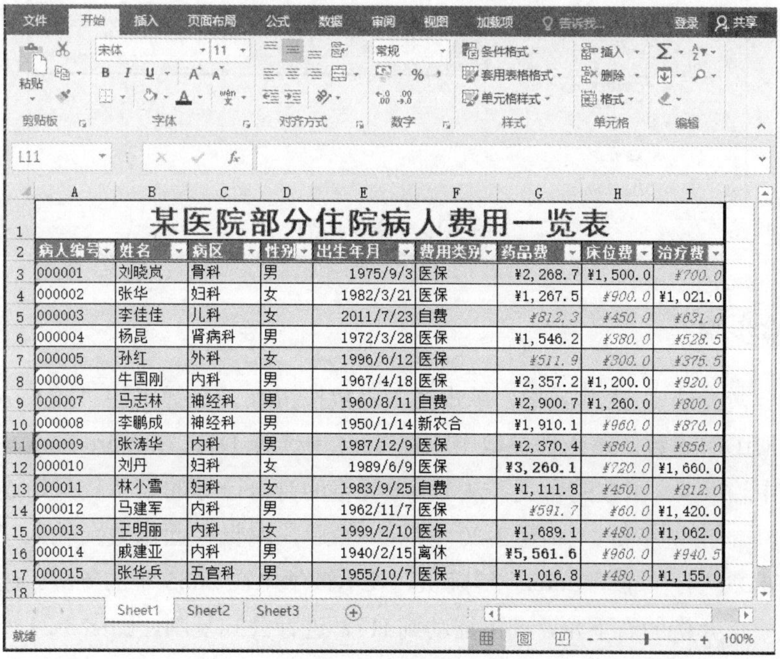

图 3-18　实验 2 的效果

实验 3　常用公式与函数的使用

3.3.1　实验目的

（1）掌握常用函数的创建与编辑方法。

（2）掌握常用函数的应用技巧。

（3）掌握数据的基本运算方法。

3.3.2　实验内容

按图 3-19 所示，输入临床一班第一学期期末成绩表数据，以“学号末三位+姓名”命名，并完成数据运算。

	A	B	C	D	E	F	G	H	I	J	K	L	M
1	临床一班第一学期期末成绩表												
2	学号	姓名	性别	身份证号	语文	数学	英语	计算机	年龄	总成绩	平均成绩	名次	总评
3	100101	高敏	女	430104200511121234	80.0	70.0	85.0	84.0					
4	100102	田晓亮	男	430104200610101234	87.0	96.0	85.0	92.0					
5	100103	李芳	女	430104200501101234	90.0	90.0	78.0	68.0					
6	100104	李海波	男	430104200609121234	65.0	89.0	95.0	73.0					
7	100105	王峰	男	430104200502031234	69.0	92.0	58.0	78.0					
8	100106	赵宏宇	女	430104200504091234	86.0	65.0	75.0	82.0					
9	100107	黄海源	男	430104200611021234	46.0	56.0	62.0	84.0					
10	100108	常坤晓	男	430104200507121234	73.0	75.0	55.0	85.0					
11	100109	张梦仁	男	430104200608041234	92.0	60.0	86.0	72.0					
12	100110	魏丽丽	女	430104200511251234	63.0	86.0	65.0	62.0					
13	100111	宋婷婷	女	430104200501181234	92.0	79.0	87.0	84.0					
14	100112	李华鹏	男	430104200510201234	88.0	89.0	98.0	71.0					
15	100113	王冰之	女	430104200505211234	79.0	99.0	83.0	86.0					
16	100114	彭涛	男	430104200507281234	75.0	68.0	86.0	83.0					
17	100115	张莹	女	430104200606241234	91.0	75.0	69.0	88.0					
18		单科最高成绩											
19		单科最低成绩											
20		总人数											
21		男生人数											
22		女生人数											
23		语文不及格											
24		平均分>85											

图 3-19　成绩表数据

3.3.3　实验步骤

（1）求年龄：选中 I3 单元格，单击插入函数按钮 *fx*，在弹出的“插入函数”对话框中，选择“MID”函数，在函数参数中，在 Text 中选择 D3，在 Start_num 中输入 7，在 Num_chars 中输入 4，函数的含义：从 D3 单元格的身份证号的第 7 位开始连续选择 4 位数字，即学生的出生年份，如图 3-20 所示。然后在编辑栏此函数前输入“2025-”，即“=2025-MID(D3,7,4)”，按“Enter”键确认，表示该学生在 2025 年的年龄。选中 I3，将鼠标指针放置于单元格的右下角，向下拖动到 I17，进行公式复制，如图 3-21 所示，即可求得每个学生在 2025 年的年龄。

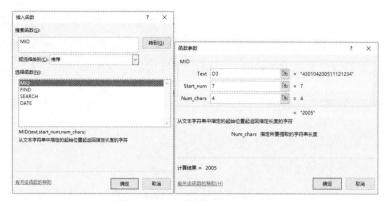

图 3-20 “MID”函数的使用

学号	姓名	性别	身份证号	语文	数学	英语	计算机	年龄
100101	高敏	女	430104200511121234	80.0	70.0	85.0	84.0	20
100102	田晓亮	男	430104200610101234	87.0	96.0	85.0	92.0	19
100103	李芳	女	430104200501101234	90.0	90.0	78.0	68.0	20
100104	李海波	男	430104200609121234	65.0	89.0	95.0	73.0	19
100105	王峰	男	430104200502031234	69.0	92.0	58.0	78.0	20
100106	赵宏宇	女	430104200504091234	86.0	65.0	75.0	82.0	20
100107	黄海源	男	430104200611021234	46.0	56.0	62.0	84.0	19
100108	常坤晓	男	430104200507121234	73.0	75.0	55.0	85.0	20
100109	张梦仁	男	430104200608041234	92.0	60.0	86.0	72.0	19
100110	魏丽丽	女	430104200511251234	63.0	86.0	65.0	62.0	20
100111	宋婷婷	女	430104200501181234	92.0	79.0	87.0	84.0	20
100112	李华鹏	男	430104200510201234	88.0	89.0	98.0	71.0	20
100113	王冰之	女	430104200505211234	79.0	99.0	83.0	86.0	20
100114	彭涛	男	430104200507281234	75.0	68.0	86.0	83.0	20
100115	张莹	女	430104200606241234	91.0	75.0	69.0	88.0	19

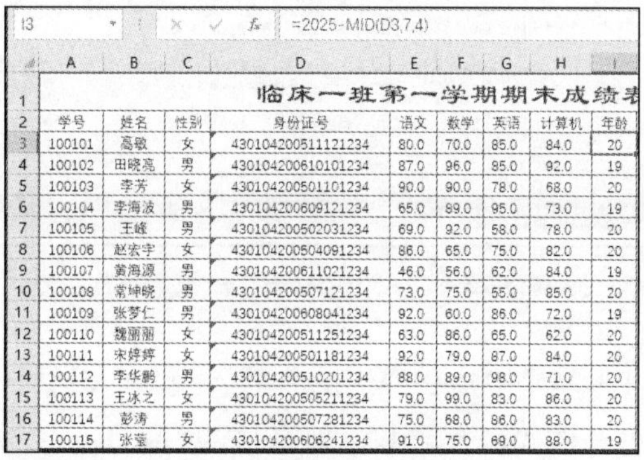

图 3-21 编辑、复制函数

（2）求总成绩：选中 J3 单元格，在弹出的“插入函数”对话框中，选择“SUM”函数。在打开的“函数参数”对话框的 Number1 中选择 E3:H3 区域，如图 3-22 所示，求得 J3 的值。将鼠标指针放置于 J3 单元格的右下角，向下拖动填充块直到 J17，进行公式复制，即可求出所有学生的总成绩。

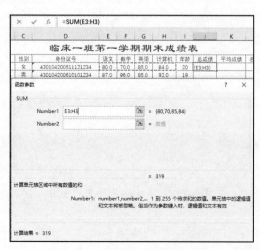

图 3-22 “SUM”函数的使用

（3）求平均成绩：选中 K3 单元格，在弹出的"插入函数"对话框中，选择"统计函数"类中的"AVERAGE"函数。在打开的"函数参数"对话框的 Number1 中选择 E3:H3 区域，如图 3-23 所示，求出 K3 的值。将鼠标指针放置于 K3 单元格的右下角，向下拖动填充块直到 K17，进行公式复制，即可求出所有学生的平均成绩。

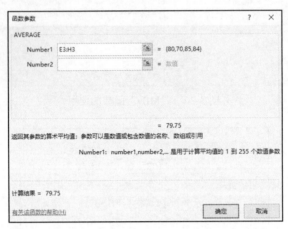

图 3-23　"AVERAGE"函数的使用

（4）求名次：选中 L3 单元格，在弹出的"插入函数"对话框中选择"全部函数"下的"RANK"函数。在打开的"函数参数"对话框的 Number 位置选择 J3，Ref 位置选择 J3:J17 区域，在参数 Ref 中需要使用\$符号，限定为绝对引用，即写成 J\$3:J\$17，表示复制公式时，J 列的第 3～17 行的数值不会随着公式的复制发生改变，如图 3-24 所示。将鼠标指针放置于 L3 单元格的右下角，向下拖动填充块直到 L17，进行公式复制，即可求出每个学生的排名。

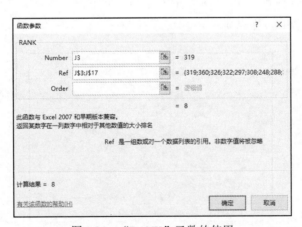

图 3-24　"RANK"函数的使用

（5）求总评：求每个学生的等级，平均成绩 90（含）分以上的等级为优秀，80（含）～90 分的等级为良好，70（含）～80 分的等级为中，60（含）～70 分的等级为及格，60 分

以下的为不及格。在 M3 单元格中输入公式："=IF(K3>=90,"优秀",IF(K3>=80,"良好",
IF(K3>=70,"中",IF(K3>=60,"及格","不及格"))))"。或者选中 K3 单元格,在弹出的"插入
函数"对话框中选择"全部函数"下的"IF"函数,在打开的"函数参数"对话框的 Logical_test
位置输入"K3>=90",Value_if_true 位置输入"优秀",把鼠标指针定位到参数 Value_if_false
中,单击左上角的 IF 函数进行嵌套,在弹出的嵌套 IF "函数参数"对话框中进行多次设置,
如图 3-25 所示。将鼠标指针放置于 M3 单元格的右下角向下拖动填充块直到 M17,进行
公式复制,即可求出每个学生的总评。

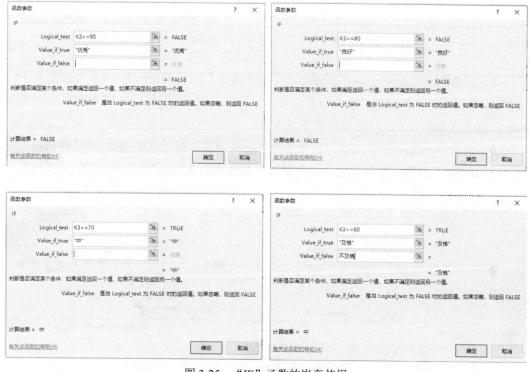

图 3-25　"IF"函数的嵌套使用

（6）求单科最高成绩：选中 E18,在弹出的"插入函数"对话框中选择"统计函
数"下的"MAX"函数。在打开的"函数参数"对话框的 Number1 中选择 E3:E17 区
域,如图 3-26 所示,单击"确定"按钮即可求出语文最高成绩。将鼠标指针放置于 E18
单元格的右下角,向右拖动填充块直到 H18,分别求出数学、英语、计算机课程的最
高成绩。

（7）求单科最低成绩：选中 E19,在弹出的"插入函数"对话框中选择"统计函
数"下的"MIN"函数。在打开的"函数参数"对话框的 Number1 中选择 E3:E17 区
域,如图 3-27 所示,单击"确定"按钮即可求出语文最低分。将鼠标指针放置于 E19
单元格的右下角,向右拖动填充块直到 H19,分别求出数学、英语、计算机课程的最
低成绩。

图 3-26 "MAX" 函数的使用

图 3-27 "MIN" 函数的使用

（8）求总人数：选中 E20，在弹出的"插入函数"对话框中选择 "统计函数"下的"COUNT"函数。在打开的"函数参数"对话框的 Value1 中选择 A3:A17 区域，如图 3-28 所示，单击"确定"按钮即可求出学生总人数。

（9）求男生人数：选中 E21，在弹出的"插入函数"对话框中选择 "统计函数"下的"COUNTIF"函数。在打开的"函数参数"对话框的 Range 中选择 C3:C17 区域，在 Criteria 中输入""男""，如图 3-29 所示，单击"确定"按钮即可求出男生人数。

图 3-28 "COUNT"函数的使用

图 3-29 "COUNTIF"函数的使用

（10）求女生人数：选中 E22，在弹出的"插入函数"对话框中选择 "统计函数"下的"COUNTIF"函数。在打开的"函数参数"对话框的 Range 中选择 C3:C17 区域，在 Criteria 中输入""女""，单击"确定"按钮，即可求出女生人数。

（11）求语文不及格人数：选中 E23，在弹出的"插入函数"对话框中选择"统计函数"下的"COUNTIF"函数。在打开的"函数参数"对话框的 Range 中选择 E3:E17 区域，在 Criteria 中输入""<60""，单击"确定"按钮，即可求出语文不及格的人数。

（12）求平均分>85 的人数：选中 E24，在弹出的"插入函数"对话框中选择"统计函数"下的"COUNTIF"函数。在打开的"函数参数"对话框的 Range 中选择 K3:K17

区域，在 Criteria 中输入“">85"”，单击“确定”按钮，即可求出平均分>85 的人数。

计算后的结果如图 3-30 所示。

	A	B	C	D	E	F	G	H	I	J	K	L	M
1	临床一班第一学期期末成绩表												
2	学号	姓名	性别	身份证号	语文	数学	英语	计算机	年龄	总成绩	平均成绩	名次	总评
3	100101	高敏	女	430104200511121234	80.0	70.0	85.0	84.0	20	319.0	79.8	8	中
4	100102	田晓亮	男	430104200610101234	87.0	96.0	85.0	92.0	19	360.0	90.0	1	优秀
5	100103	李芳	女	430104200501101234	90.0	90.0	78.0	68.0	20	326.0	81.5	5	良好
6	100104	李海波	男	430104200609121234	65.0	89.0	95.0	73.0	19	322.0	80.5	7	良好
7	100105	王峰	男	430104200502031234	69.0	92.0	58.0	78.0	20	297.0	74.3	12	中
8	100106	赵宏宇	女	430104200504091234	86.0	65.0	75.0	82.0	20	308.0	77.0	11	中
9	100107	黄海源	男	430104200611021234	46.0	56.0	62.0	84.0	19	248.0	62.0	15	及格
10	100108	常坤晓	男	430104200507121234	73.0	75.0	55.0	85.0	20	288.0	72.0	13	中
11	100109	张梦仁	男	430104200608041234	92.0	60.0	86.0	72.0	19	310.0	77.5	10	中
12	100110	魏丽丽	女	430104200511251234	63.0	86.0	65.0	62.0	20	276.0	69.0	14	及格
13	100111	宋婷婷	女	430104200501181234	92.0	79.0	87.0	84.0	20	342.0	85.5	4	良好
14	100112	李华鹏	男	430104200510201234	88.0	89.0	98.0	71.0	20	346.0	86.5	3	良好
15	100113	王冰之	女	430104200505211234	79.0	99.0	83.0	86.0	20	347.0	86.8	2	良好
16	100114	彭涛	男	430104200507281234	75.0	68.0	86.0	83.0	20	312.0	78.0	9	中
17	100115	张莹	女	430104200606241234	91.0	75.0	69.0	88.0	19	323.0	80.8	6	良好
18		单科最高成绩			92.0	99.0	98.0	92.0					
19		单科最低成绩			46.0	56.0	55.0	62.0					
20		总人数			15								
21		男生人数			8								
22		女生人数			7								
23		语文不及格的人数			1								
24		平均分>85的人数			4								

图 3-30　实验 3 的效果

实验 4　Excel 数据运算

3.4.1　实验目的

（1）掌握常用函数的使用方法。

（2）掌握工作表中公式的应用技巧。

3.4.2　实验内容

（1）打开 Excel.x1sx（“.x1sx”为文件扩展名），在“差旅费报销”工作表中完成以下操作。

① 将 A1 单元格的标题内容在 A1:K1 单元格区域中跨列居中对齐（不要合并单元格）。在 A1 单元格中创建一个新的单元格样式，名为“表格标题”，字号为 16，颜色为标准蓝色，并适当调整行高。

② 在 I3:I22 单元格区域中使用公式计算住宿费的实际报销金额，规则：在不同城市每天住宿费报销的最高标准可以从工作表“城市分级”中查询。

③ 每次出差报销的最高额度为相应城市的日住宿标准×出差天数（返回日期-出发日期）；“住宿费-报销金额”，取“住宿费-发票金额”与每次出差报销的最高额度两者中的较低者。

④ 在 J3:J22 单元格区域中使用公式计算每位员工的补助金额，计算方法为补助标准×出差天数（返回日期−出发日期），每天的补助标准可以在"职务级别"工作表中查询。

⑤ 在 K3:K22 单元格区域中使用公式计算每位员工的报销金额，报销金额="交通费+住宿费−报销金额+补助金额"，在 K23 单元格中计算报销金额的总和。

⑥ 在 I3:I22 单元格区域中使用条件格式，对"住宿费−发票金额"大于"住宿费−报销金额"的单元格应用标准红色字体。

⑦ 在 A3:K22 单元格区域中使用条件格式，对出差天数（返回日期−出发日期）大于等于 5 天的记录行应用标准绿色字体（如果某个单元格中两种条件格式规则发生冲突，优先应用第⑥项中的规则）。

⑧ 在"费用合计"和"车辆使用费报销"工作表中，对 A1 单元格应用单元格样式"表格标题"，并设置为与下方表格等宽的跨列居中格式。

（2）在"费用合计"工作表中完成下列任务。

① 在 C4 和 C5 单元格中建立公式，使其值分别等于"差旅费报销"工作表的单元格 K23 和"车辆使用费报销"工作表的单元格 H21。

② 在 C6 单元格中使用函数计算 C4 和 C5 单元格之和。在 D4 单元格中建立超链接，显示的文字为"填写请单击!"，并在单击时可以跳转到工作表"差旅费报销"的 A3 单元格。

③ 在 B2 单元格中，建立数据验证规则，可以通过下拉菜单输入项目：市场部、物流部、财务部、行政部、采购部，并最终显示文本"市场部"。

④ 在 D5 单元格中，通过函数进行设置，如果 B2 单元格中的内容为"行政部"或"物流部"，则显示为单击时可以跳转到工作表"车辆使用费报销"A3 单元格的超链接，显示的文本为"填写请单击!"，如果是其他部门则显示文本"无须填写!"。

（3）在工作表"差旅费报销"中，保护工作表（不要使用密码），以便 I3:K22 单元格区域以及 K23 单元格可以选中但无法编辑，也无法看到其中的公式，其他单元格都可以正常编辑。

（4）取消显示工作表标签，并将活动工作表命名为"费用合计"。

3.4.3　实验步骤

（1）打开"Excel.xlsx"文件。在"差旅费报销"工作表中，选中 A1:K1 单元格区域，单击▦按钮，或者单击右下角的扩展按钮，在"水平对齐"中选择"跨列居中"，单击"确定"按钮。

（2）单击"单元格样式"下拉按钮，选择"新建单元格样式"；在弹出的对话框中输入样式名"表格标题"，单击"格式"按钮，在"字体"选项卡中，设置字号为 16，颜色为蓝色，单击两次"确定"按钮，如图 3-31 所示。选中 A1 单元格，单击"单元格样式"下拉按钮，选择"表格标题"，并适当调整行高。

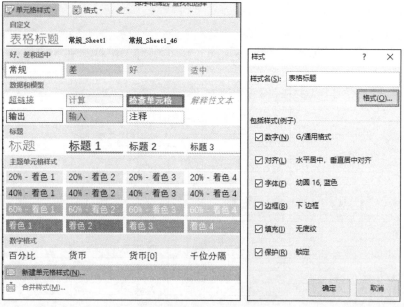

图 3-31 新建单元格样式

（3）选中 I3 单元格，在弹出的"插入函数"对话框中选择"全部函数"下的"VLOOKUP"函数。在打开的"函数参数"对话框的 Lookup_value 位置选择"F3"，在 Table_array 中选择"城市分级!$A$2:$B$356"，在 Col_index_num 中输入"2"，在 Range_lookup 中输入"0"，如图 3-32 所示。在编辑栏中将 I3 单元格的公式修改为"=VLOOKUP(F3,城市分级!$A$2:$B$356,2,0)*(E3-D3)"，复制公式后，清除 I3 单元格的内容，在弹出的"插入函数"对话框中选择"全部函数"下的"MIN"函数。在打开的"函数参数"对话框的 Number1 位置选择"H3"，在 Number2 中输入复制的内容，如图 3-33 所示。单击"确定"按钮并向下填充。也可直接在 I3 单元格中输入公式"=MIN(H3,VLOOKUP(F3,城市分级!$A$2:$B$356,2,0)*(E3-D3))"并向下填充。计算"住宿费-报销金额"的效果如图 3-34 所示。

图 3-32 "VLOOKUP"函数的使用

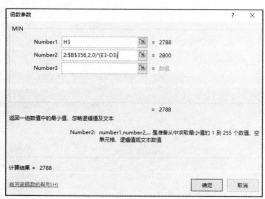

图 3-33 函数的嵌套使用

图 3-34　计算"住宿费–报销金额"的效果

（4）选中 J3 单元格，在弹出的"插入函数"对话框中选择"全部函数"下的"VLOOKUP"函数。在打开的"函数参数"对话框的 Lookup_value 位置选择"C3"，在 Table_array 中选择"职务级别!\$A\$2:\$B\$5"，在 Col_index_num 中输入"2"，在 Range_lookup 中输入"0"，如图 3-35 所示。在编辑栏中将 J3 单元格的公式修改为"=VLOOKUP(C3,职务级别!\$A\$2:\$B\$5,2,0)*(E3–D3)"，也可以直接在 J3 单元格中输入公式"=VLOOKUP(C3,职务级别!\$A\$2:\$B\$5,2,0)*(E3–D3)"，并向下填充。计算补助金额的效果如图 3-36 所示。

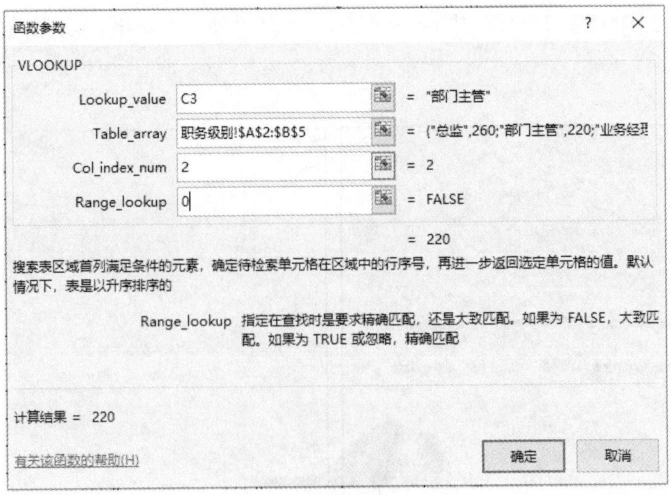

图 3-35　补助金额的计算

							差旅费明细			
姓名	部门	职务	出发日期	返回日期	出差城市	交通费	住宿费-发票金额	住宿费-报销金额	补助金额	
曹雅君	市场部	部门主管	2024/1/3	2024/1/10	上海	1200	2788	2788	1540	
蔡迪嘉	市场部	业务经理	2024/2/7	2024/2/10	南昌	1350	958	958	540	
陈润祺	市场部	普通员工	2024/2/17	2024/2/20	九江	1220	626	626	360	
程致懿	市场部	总监	2024/2/20	2024/2/26	深圳	2500	2383	2383	1560	
程晓洁	市场部	部门主管	2024/2/22	2024/2/27	珠海	2480	1200	1100	1100	
邓智航	市场部	业务经理	2024/2/23	2024/3/2	广州	1300	2773	2773	1440	
党靖雯	市场部	普通员工	2024/4/11	2024/4/19	齐齐哈尔	1890	1717	1717	960	
常援琪	市场部	普通员工	2024/4/21	2024/4/27	长春	1100	1914	1914	720	
笪雪依	市场部	业务经理	2024/5/8	2024/5/14	信阳	890	1315	1315	1080	
童安妮	市场部	普通员工	2024/6/10	2024/6/13	武汉	1180	937	937	360	
陈离吟	市场部	普通员工	2024/6/14	2024/6/18	长沙	1780	1877	1877	720	
陈贝嘉	市场部	普通员工	2024/7/20	2024/7/24	西安	990	1236	1236	480	
包一兰	市场部	业务经理	2024/7/30	2024/8/7	烟台	1020	1746	1746	1440	
陈贝一	市场部	普通员工	2024/8/5	2024/8/11	沈阳	790	1884	1884	720	
崔艺萱	市场部	普通员工	2024/10/10	2024/10/18	承德	390	1724	1724	960	
程心怡	市场部	业务经理	2024/10/20	2024/10/28	天津	110	3173	3173	1440	
陈府华	市场部	普通员工	2024/11/18	2024/11/21	济南	680	928	928	360	
杜格格	市场部	普通员工	2024/12/4	2024/12/9	昆明	2990	1586	1586	600	
崔梦鑫	市场部	普通员工	2024/12/16	2024/12/23	绵阳	2780	2225	2225	840	
丁雪飞	市场部	普通员工	2024/12/29	2025/1/5	运城	580	1490	1490	840	

图 3-36　计算补助金额的效果

（5）选中 K3 单元格，输入公式"=G3+I3+J3"，并向下填充。

（6）选中 K23 单元格，输入公式"=SUM(K3:K22)"。选中 I3:I22 单元格区域，单击"条件格式"下拉按钮，选择"新建规则"；在打开的"新建格式规则"对话框中，选择"使用公式确定要设置格式的单元格"规则类型，在"为符合此公式的值设置格式"中输入"=$H3>$I3"，如图 3-37 所示。单击"格式"按钮，在字体中设置颜色为红色，单击两次"确定"按钮。

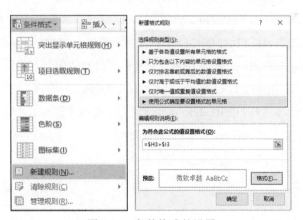

图 3-37　条件格式的设置

（7）用同样的方法，选中 A3:K22 单元格区域，单击"条件格式"下拉按钮，选择"新建规则"；在打开的"新建格式规则"对话框中，选择"使用公式确定要设置格式的单元格"规则类型，在"为符合此公式的值设置格式"中输入"=($E3-$D3)>=5"，单击"格式"按钮，在字体中设置颜色为绿色，单击两次"确定"按钮。选中 I3 单元格，单击"条件格式"下拉按钮，选择"管理规则"，打开"条件格式规则管理器"对话框，将步骤（6）中设置的规则上移即可，如图 3-38 所示。

图 3-38　管理条件格式

（8）在"费用合计"工作表中，选中 A1 单元格，单击"单元格样式"下拉按钮，选择"表格标题"。选中 A1:F1 单元格区域，在"水平对齐"中选择"跨列居中"，单击"确定"按钮即可。用同样的方法在"车辆使用费报销"工作表中进行设置。

（9）在"费用合计"工作表中，选中 C4 单元格，输入公式"=差旅费报销!K23"，选中 C5 单元格，输入公式"=车辆使用费报销!H21"。在 C6 单元格中输入公式"=SUM (C4:C5)"。选中 D4 单元格，单击"超链接"按钮，在弹出的"插入超链接"对话框中，在"要显示的文字"中输入"填写请单击!"，在"或在此文档中选择一个位置"中选择"差旅费报销"，在"请键入单元格引用"中输入"A3"，单击"确定"按钮，如图 3-39 所示。选中 B2 单元格，单击"数据验证"按钮，打开"数据验证"对话框，单击"设置"选项卡，在"允许"中选择"序列"，来源为"市场部,物流部,财务部,行政部,采购部"（逗号为英文状态），单击"确定"按钮，如图 3-40 所示。单击 B2 下拉按钮，选择"市场部"。在 D5 单元格中输入公式"=IF(OR(B2="行政部", B2="物流部"))，HYPERLINK("#车辆使用费报销! a3","填写请单击!"),"无须填写!")。或者选中 D5 单元格，在弹出的"插入函数"对话框中选择"全部函数"下的"IF"函数，在打开的"函数参数"对话框的 Logical_test 位置输入"OR(B2="行政部", B2="物流部")"，在 Value_if_true 位置输入"HYPERLINK("# 车辆使用费报销! a3","填写请单击!")"，在 Value_if_false 位置输入"无须填写!"，如图 3-41 所示。

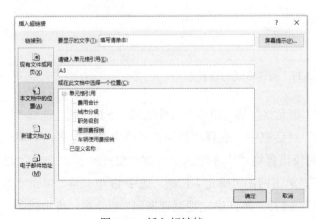

图 3-39　插入超链接

图 3-40　"数据验证"对话框

图 3-41　函数的嵌套使用

（10）在"差旅费报销"工作表中，选择所有数据，单击鼠标右键，在弹出的快捷菜单中选择"设置单元格格式"选项，打开"设置单元格格式"对话框。在"保护"选项卡中取消勾选"锁定"复选框，单击"确定"按钮。选中 I3:K22 单元格区域，按住 Ctrl 键，再选中 K23 单元格，单击鼠标右键，在弹出的快捷菜单中选择"设置单元格格式"选项，打开"设置单元格格式"对话框。在"保护"选项卡中勾选"锁定"和"隐藏"选项，单击"确定"按钮；在"审阅"选项卡"更改"组中，单击"保护工作表"按钮，打开"保护工作表"窗口，直接单击"确定"按钮即可，如图 3-42 所示。

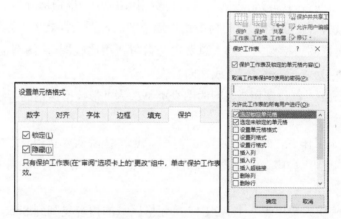

图 3-42　保护工作表

（11）选中"费用合计"工作表，执行"文件"→"选项"→"高级"命令，取消勾选"显示工作表标签"，单击"确定"按钮即可。保存并关闭文件。

执行以上操作后的效果如图 3-43 所示。

图 3-43　实验 4 的效果

实验 5　创建图表、数据排序与数据管理

3.5.1　实验目的

（1）熟练掌握图表的创建和编辑方法。

（2）熟练掌握数据清单的排序方法。

（3）熟练掌握数据清单的筛选和分类汇总的方法。

（4）熟练创建数据透视表的方法。

3.5.2　实验内容

打开"某医院部分住院病人费用表.xlsx"，完成下列操作。

（1）在工作表"住院病人费用表"中，把 B2:B17 和 K2:L17 单元格区域中的数据复制到 Sheet2 中，并将 Sheet2 更名为"自付费用表"。

（2）在"自付费用表"中的"报销比例"列后增加一列"自付费用"，利用公式或函数计算出病人费用的自付部分，公式为"自付费用=总费用-报销部分"。

（3）选取"姓名""总费用""自付费用"创建图表，图表样式为"簇状柱形图"样式 1；在图表上方设置图表标题为"病人总费用与自付费用比较图"，图例位置"靠右"，并设置图表填充颜色为"渐变填充""线性向右"。

（4）把柱形图中"自付费用"系列的图表类型改为"带数据标记的折线图"，创建"线柱组合图表"。

（5）新建一张工作表，将其命名为"排序"，把"住院病人费用表"中 A2:L17 单元格区域的数据复制到"排序"工作表，在此工作表中对"费用类别"升序排列，对"总费用"降序排列。

（6）把"住院病人费用表"中 A2:L17 单元格区域的内容复制到 Sheet3 工作表，并将工作表重命名为"筛选"，并筛选出药品费用大于 1500 元的病人记录。

（7）新建一张工作表，将其重命名为"分类汇总"，将"住院病人费用表"中 B2:C17 单元格区域的数据和 H2:J17 单元格区域的数据复制到此表中，按照"病区"对"药品费""床位费""治疗费""总费用"进行分类汇总，汇总方式为求平均值。

（8）对"排序"工作表进行高级筛选，要求"费用类别"为医保，"药品费"为">=1800"，"年龄"">=30"且"<=50"，并将结果保存在该工作表中。

（9）根据"住院费用表"，创建一个数据透视表，要求显示各病区病人各种费用的总和；设置分类字段为"费用类别"；求和项为"药品费""床位费""治疗费""总费用"；将对应的数据保存在新的工作表中，并将其命名为"数据透视表"。

3.5.3　实验步骤

（1）按住"Ctrl"键，选择"住院病人费用表"中的 B2:B17 和 K2:L17 单元格区域，把数据复制到 Sheet2 中，在 Sheet2 工作表标签上单击鼠标右键，在弹出的快捷菜单中选择"重命名"选项，把 Sheet2 更名为"自付费用表"。

（2）在"自付费用表"D1 单元格中输入"自付费用"，选中 D2 单元格，输入公式"=B2−B2*C2"后按"Enter"键，单击 D2 单元格填充柄完成向下填充。

（3）按住"Ctrl"键，选择 A1:B16 和 D1:D16 单元格区域，执行"插入"选项卡"图表"组中的"插入柱形图或条形图"命令，在下拉列表中选择"二维柱形图"中的"簇状柱形图"，插入图表。单击选中图表后，在"图表工具"中，选择"设计"动态选项卡"图表样式"中的"样式 1"。选中图表，在"图表工具"中，选择"设计"动态选项卡的"图表布局"组中的"添加图表元素"，在下拉列表中选择"图表标题"→"图表上方"，然后将标题改为"病人总费用与自付费用比较图"；在"图例"上单击鼠标，在下拉列表中选择"设置图例格式"，在打开的对话框中设置图例位置为"靠右"。选中图表，在"图表工具"中，选择"格式"动态选项卡"形状样式"组中的"形状填充"，在下拉列表中选择"渐变填充""线性向右"，如图 3-44 所示。选中图表，在"图表工具"的"设计"动态选项卡中，单击"图表布局"组中的"添加图表元素"，在"坐标轴"下拉列表中选择"主要纵坐标轴"，在"轴标题"下拉列表中选择"主要纵坐标轴"。在图表中单击鼠标右键，在弹出的快捷菜单中选择"坐标轴标题"→"设置坐标轴标题格式"→"大小与属性"选项。在打开的"设置坐标轴标题格式"对话框中，设置"文字方向"为"竖排"，如图 3-45 所示。修改纵坐标标题为"费用/元"，效果如图 3-46 所示。

图 3-44　插入图表及图表的格式设置

图 3-45　添加图表元素及坐标轴格式设置

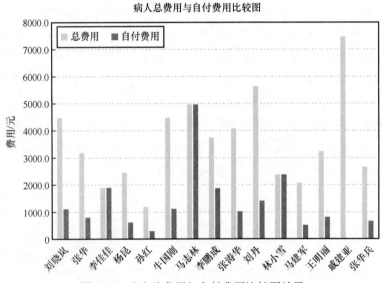

图 3-46　病人总费用与自付费用比较图效果

（4）选中图表，在 "自付费用"系列单击鼠标右键，在弹出的快捷菜单中选择"更改系列图表类型"选项，在弹出的"更改图表类型"对话框中，选择"所有图表"中的"组合"选项，在右侧的面板中为"自付费用"选择"带数据标记的折线图"，单击"确定"按钮，图表中的"自付费用"系列就由柱形图变成折线图，如图 3-47 所示。

（5）单击工作表标签最右侧的 ⊕ 按钮，添加一张新的工作表，并将它命名为"排序"，把"住院病人费用表"A2:L17 单元格区域的内容复制到此表中，适当调整列宽。选中"排序"工作表中的 A1:L16 单元格区域，选择"开始"选项卡"编辑"组中"排序和筛选"的"自定义排序"选项。在弹出的"排序"对话框中设置"主要关键字"为"费用类别"，在"次序"右侧的下拉列表中选择"升序";单击"添加条件"按钮,设置"次要关键字"为"总费用",在"次序"右侧的下拉列表中选择"降序",单击"确定"按钮,如图 3-48 所示。

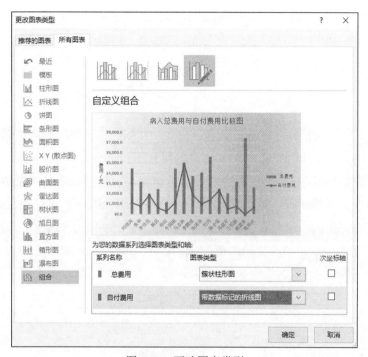

图 3-47 更改图表类型

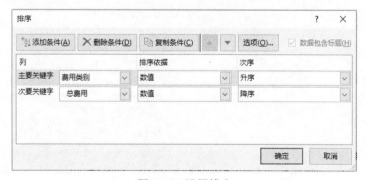

图 3-48 设置排序

(6)把"住院病人费用表"A2:L17 单元格区域的数据复制到"Sheet3"中,并把 Sheet3 重命名为"筛选",适当调整列宽。选中 A2:L17 单元格区域,执行"数据"选项卡"排序和筛选"组中的"筛选"命令。单击"药品费"字段右侧的筛选按钮,在下拉列表中选择"数字筛选"中的"自定义自动筛选方式"选项。在弹出的"自定义自动筛选方式"对话框中,在"药品费"下方的框中选择"大于或等于",在右侧框中输入"1500",单击"确定"按钮,如图 3-49 所示,此时工作表就会将筛选结果显示出来。

图 3-49　自动筛选

（7）单击工作表标签最右侧的 ⊕ 按钮，添加一张新的工作表，并将它命名为"分类汇总"，将"住院病人费用表"B2:C17 单元格区域和 H2:J17 单元格区域的数据复制到此表中，适当调整列宽。选中"病区"列的任意单元格，执行"数据"选项卡"排序和筛选"组中的"升序"命令，然后执行"数据"选项卡"分级显示"组中的"分类汇总"命令，如图 3-47 所示。在弹出的"分类汇总"对话框中设置：分类字段为"病区"，汇总方式为"平均值"；在选定汇总项中，勾选"药品费""床位费""治疗费"，如图 3-50 所示，单击"确定"按钮，即可得到按"病区"分类的"药品费""床位费""治疗费"的平均值汇总表。

图 3-50　分类汇总

（8）选中"排序"工作表，首先在"排序"工作表中数据右侧无内容的区域按操作要求填写条件，如在 N1:Q2 中设定筛选条件"费用类别"为医保，"药品费"为"＞=1800"，"年龄"为"＞=30"且"＜=50"，如图 3-51 所示。单击表中的任意单元格，执行"数据"选项卡"排序和筛选"组中的"高级"命令，打开"高级筛选"对话框，选择筛选方式为"将筛选结果复制到其他位置"，在"列表区域"中选择"$A$1:$L$16"，选择"条件区域"为"$N$1:$Q$2"，在"复制到"中选择数据结果存放的位置，如"$A$18:$L$27"，如图 3-52 所示。单击"确定"按钮，完成高级筛选操作。

图 3-52 "高级筛选"对话框中的设置

N	O	P	Q
费用类别	药品费	年龄	年龄
医保	>=1800	>=30	<=50

图 3-51 "高级筛选"的条件设置

（9）选择"住院病人费用表"中的 A2:L17 单元格区域，执行"插入"选项卡"表格"组中的"数据透视表"命令，在弹出的"创建数据透视表"对话框中单击"新工作表"选项，单击"确定"按钮后，在新工作表窗口的右侧"数据透视表字段"对话框中勾选"病区""费用类别""药品费""床位费""治疗费"，可以看到选中的字段会自动添加到下面的"行标签""列标签"及"数值"区域中，如图 3-53 所示。将工作表改名为"数据透视表"。

图 3-53 "创建数据透视表"对话框的设置及效果

Excel 2016 综合练习

综合练习 1

打开"第 3 章电子表格实验"中的"综合练习 1.xlsx"（".xlsx"为文件扩展名），完成以下操作。

（1）对工作表"第一学期期末成绩"中的数据列表进行格式化操作：将"学号"列设置为文本，将所有成绩列设置为保留两位小数的数值，适当加大行高列宽，改变字体、字号，设置对齐方式，增加适当的边框和底纹以使工作表更加美观。

（2）利用"条件格式"功能进行下列设置：将语文、数学、英语三科中不低于 110 分的成绩所在的单元格以一种颜色填充，其他四科中高于 95 分的成绩以另一种字体颜色标出，所用颜色深浅以不遮挡数据为宜。

（3）利用 SUM 和 AVERAGE 函数计算每一位学生的总分及平均成绩。

（4）学号第 3、4 位代表学生所在的班级，例如"120105"代表 12 级 1 班 5 号。请通过公式提取每位学生所在的班级并按对应关系填写在"班级"列中。

（5）复制工作表"第一学期期末成绩"，将副本放置到原表之后，改变该副本表标签的颜色，并重新命名，新表名需要包含"分类汇总"字样。

（6）通过分类汇总功能求出每个班各科的平均成绩，并将每组结果分页显示。

（7）以分类汇总结果为基础，创建一个簇状柱形图，对每个班各科平均成绩进行比较，并将该图表放置在一个名为"柱状分析图"新工作表的 A1:M30 单元格区域内。

综合练习 2

打开"第 3 章电子表格实验"中的"综合练习 2.x1sx"（".x1sx"为文件扩展名），完成以下操作。

（1）将"sheet1"工作表命名为"销售情况"，将"sheet2"命名为"平均单价"。

（2）在"店铺"列左侧插入一个空列，输入列标题为"序号"，并以 001、002、003……的方式向下填充到该列最后一个数据行。

（3）将工作表标题跨列合并后居中并适当调整其字体、加大字号，并改变字体颜色。适当加大数据表行高和列宽，设置对齐方式及销售额列的数值格式（保留 2 位小数），并为数据区域增加边框线。

（4）将工作表"平均单价"中的 B3:C7 单元格区域定义为"商品均价"。运用公式计算工作表"销售情况"中 F 列的销售额，要求在公式中通过 VLOOKUP 函数自动在工作表"平均单价"中查找相关商品的单价，并在公式中引用所定义的名称"商品均价"。

（5）为工作表"销售情况"中的销售数据创建一个数据透视表，并将其放置在一个名为"数据透视分析"的新工作表中，要求针对各类商品比较各门店每个季度的销售额。其中：商品名称为报表筛选字段，店铺为行标签，季度为列标签，并对销售额求和。最后对数据透视表进行格式设置，使其更加美观。

（6）根据生成的数据透视表，在透视表下方创建一个簇状柱形图，图表中仅对各门店 4 个季度笔记本的销售额进行比较。

第4章

演示文稿——PowerPoint 2016

实验 1 PowerPoint 2016 的基本操作

4.1.1 实验目的

（1）掌握 PowerPoint 2016 的启动与退出、编辑与格式化的基本操作方法。

（2）掌握在幻灯片中插入图片、艺术字、SmartArt 图形、表格、图表的方法。

（3）掌握更改幻灯片的母版、版式、主题和背景的方法。

4.1.2 实验内容

（1）进行演示文稿的建立、编辑与格式化等基本操作。

（2）在幻灯片中插入图片、艺术字、SmartArt 图形、表格、图表。

（3）更改幻灯片的主题、母版、版式和背景。

4.1.3 实验步骤

1. PowerPoint 2016 的启动与退出

（1）启动 PowerPoint 2016。

方法一：单击"开始"菜单，执行"所有应用"→"PowerPoint 2016"命令，启动 PowerPoint 2016。

方法二：在 Windows 10 桌面上双击 PowerPoint 2016 图标启动 PowerPoint 2016。

方法三：双击磁盘上已经存在的演示文稿，系统将启动 PowerPoint 2016，同时打开选定的演示文稿。

（2）退出 PowerPoint 2016。

方法一：单击 PowerPoint 2016 窗口右上角的"关闭"按钮。

方法二：按"Alt+F4"组合键。

2．新建演示文稿

单击"文件"按钮下的"新建"命令，可以打开图 4-1 所示的"新建演示文稿"任务窗格。在该任务窗格中可以选择不同主题的演示文稿。

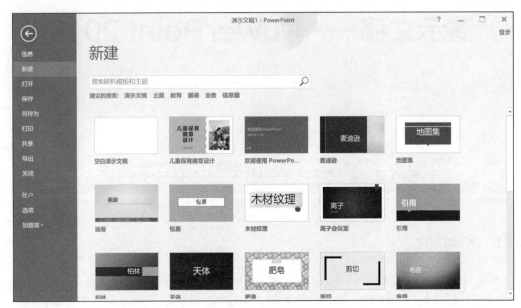

图 4-1　"新建演示文稿"任务窗格

（1）新建空白演示文稿。

如果想制作一个特殊的、外观与众不同的演示文稿，可从一个空白演示文稿开始，自建主题、设计背景、设置颜色和一些样式特性。创建的演示文稿不包含任何内容，用户可以根据自己的需要输入内容和设置格式。在"新建演示文稿"任务窗格中，单击"空白演示文稿"，将新建一个"标题幻灯片"版式的幻灯片。

（2）设置主题。

主题是指预先设计了外观、文本和图形格式、标题、位置及颜色的待用文档。用户可以选择由 PowerPoint 2016 提供的主题来新建演示文稿，这样创建的演示文稿不包含示例文字。PowerPoint 2016 提供了各种专业的主题，用户可从中选择任意一种，这样所生成的幻灯片都将自动采用该主题的设计方案，从而使演示文稿中的幻灯片风格协调一致。

3．编辑幻灯片

（1）在幻灯片中输入文本。

在创建的空白演示文稿中，如果只有占位符而没有其他内容，那么用户可以在占位符中输入文本，也可以在占位符之外的任何位置输入文本。

① 在占位符中输入文本。在一般情况下，幻灯片包含几个带有虚线边框的区域，用于放置幻灯片标题、文本、图表、表格等对象的位置，称为占位符。占位符预设了格式、

颜色、字体和字形，用户可以向占位符中输入文本或者插入对象。

② 使用文本框输入文本。如果要在占位符之外的其他位置输入文本，可以在幻灯片中插入文本框（需要单击"插入"选项卡"文本"组中的"文本框按钮"）。

（2）幻灯片的选择。

在执行编辑幻灯片命令之前，首先要选择命令作用的范围。针对不同的视图，选择幻灯片的方式也不同。在普通视图和备注页视图中，当前显示的幻灯片是被选中的，不必单击它。在幻灯片浏览视图中，单击幻灯片就可以选择整张幻灯片。若要选择不连续的几张幻灯片，按住"Ctrl"键，再单击要选择的幻灯片即可；若要选择连续的几张幻灯片，先单击第一张幻灯片，再按"Shift"键，单击最后一张幻灯片即可。

（3）幻灯片的插入。

在 PowerPoint 2016 的普通视图、备注页和幻灯片浏览视图中都可以创建新的幻灯片。在普通视图中创建的新幻灯片将排列在当前正在编辑的幻灯片的后面；在备注页视图中创建的新幻灯片将排列在当前正在编辑的幻灯片的后面；在幻灯片浏览视图中增加新的幻灯片时，其位置将在当前光标或当前所选幻灯片的后面。新建幻灯片可以通过单击"开始"选项卡中的"新建幻灯片"按钮实现。

（4）幻灯片的复制。

如果用户将要创建的幻灯片与已存在的幻灯片的风格基本一致，采用复制一张新的幻灯片的方法更方便，只需在其原有基础上进行一些必要的修改。首先选择要复制的幻灯片，然后单击"开始"选项卡中的"复制"按钮，将光标移动至目标位置，最后单击"开始"选项卡中的"粘贴"命令，幻灯片将被复制到光标所在幻灯片的后面。单击"开始"选项卡中的"复制"按钮右边的下拉箭头选择 复制(D) ，可在当前位置插入前一张幻灯片的副本。在"粘贴"命令的下拉列表中可以选择粘贴的幻灯片是采用目标主题还是保留源格式。

（5）幻灯片的删除。

在制作幻灯片中，出现幻灯片编辑错误或不合适情况时，则需要删除幻灯片。一般在幻灯片浏览视图中删除幻灯片比较简单。其操作方法：在幻灯片浏览视图中，选择要删除的幻灯片，按"Delete"键即可删除该幻灯片。

4．项目符号和编号的操作

项目符号和编号用于对一些重要条目进行标注或编号，用户可以为选定文本或占位符添加项目符号或编号，还可以使用图形项目符号。在 PowerPoint 2016 的大纲、幻灯片或备注页窗格中，可以将编号应用到文本。

（1）项目符号的操作。

添加项目符号的方法：将光标定位到需要设置项目符号的段落中；单击"开始"选项卡"段落"组中的"项目符号"按钮，打开"项目符号"任务窗格，如图 4-2 所示，选择项目符号，或单击其中的"项目符号和编号"按钮，打开图 4-3 所示的"项目符号和编号"对话框。

图 4-2 "项目符号"任务窗格

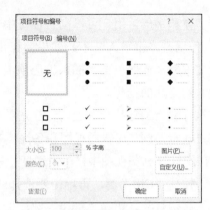

图 4-3 "项目符号和编号"对话框

系统提供了默认的几种项目符号，如果用户不喜欢原有的项目符号，可以重新设置。方法：在"项目符号和编号"对话框中，选择一种项目符号后，单击"自定义"按钮打开"符号"对话框，在其中选择一种符号作为项目符号。

为了达到特殊效果，用户还可以选择图片作为项目符号，方法：在"项目符号和编号"对话框中，单击"图片"按钮，打开 "图片项目符号"对话框，选择某张图片作为项目符号。

如果用户想删除项目符号，可以采用以下几种方法。

方法一：将光标定位到要删除项目符号的段落最前面，按"Backspace"键。

方法二：将光标定位到要删除项目符号的段落上，单击"开始"选项卡中的"项目符号"按钮。

方法三：在"项目符号"任务窗格中选择"无"。

（2）添加编号。

在 PowerPoint 2016 中向文本中添加编号的过程与在 Microsoft Word 2016 中的过程相似。要在列表中快速添加编号，选择文本或占位符，然后单击"开始"选项卡"段落"组中的"项目编号"按钮即可。要从列表的多种编号样式中选择，或者更改列表的颜色、大小或起始编号，则需要在"项目符号和编号"对话框中，单击"编号"选项卡。

5. 添加可视化项目

在一份演示文稿中，如果全是文本就会给人一种呆板无味的感觉，为了让演示文稿更具吸引力和说服力，适当插入图片是有效的方法之一。

（1）从文件中插入图片。

PowerPoint 2016 提供了从其他图形文件中插入图片的功能，以使用户的演示文稿更加生动。

从图形文件中插入图片的步骤如下。

① 单击"插入"选项卡"图片"组中的"图片"按钮，打开"插入图片"对话框。

② 在"插入图片"对话框中选择一张图片，单击"插入"按钮。

（2）编辑图片。

选中要设置的图片后，单击图 4-4 所示的"图片工具"选项卡中的"图片样式"组，在弹出的快捷菜单中选择"设置图片格式"选项，打开图 4-5 所示的"设置图片格式"对话框，用户可以对图片的格式进行设置。

图 4-4　"图片工具"选项卡

图 4-5　"设置图片格式"对话框

（3）绘制图形。

要在幻灯片中绘制一些圆形、矩形等简单的图形，可以使用 PowerPoint 2016 提供的绘图功能。利用"绘图"任务窗格可以在幻灯片中画出各种图形，如线条、箭头、矩形和椭圆等。在"开始"选项卡中可以打开图 4-6 所示的"绘图"任务窗格。

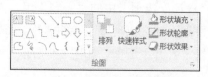

图 4-6　"绘图"任务窗格

为了使幻灯片的效果更生动、更美观，我们可以在幻灯片中插入艺术字。操作步骤如下。单击"插入"选项卡"文本"工具栏组中的"艺术字"下拉按钮，在艺术字样式下拉列表中选择艺术字的样式。此时，在"视图"选项卡的右侧会出现"形状格式"选项卡以帮助用户进一步编辑艺术字的格式。编辑好艺术字，就可以对艺术字进行设置格式。

幻灯片的内容若只是纯文本会显得单调枯燥，在幻灯片中加入图表不仅可以使幻灯片生动活泼，还可以使幻灯片的内容更加直观，更加有说服力。插入图表的操作步骤：在"插入"选项卡的"插图"选项组中，单击"图表"工具按钮 █，打开"插入图表"对话框，用户可以根据需要选择合适的图表版式。单击数据表上的单元格，输入新的信息可以对数据表的内容重新进行编辑。插入图表以后可以对图表的格式进行修改。

表格也是幻灯片中的主要元素之一。PowerPoint 2016 提供了多种插入表格的方法，既可以在 PowerPoint 2016 中直接插入，又可以插入 Word、Access 和 Excel 中的表格。插入表格的操作步骤：在"插入"选项卡的"表格"选项组中，单击"表格"工具按钮▦，打开"插入表格"对话框，输入建立表格的行数和列数，单击"确定"按钮，窗口中将出现新建的表格，可以在其中输入相应的信息。利用"表格工具"可以对表格进行修改、修饰、格式化等操作。

除了可以插入图片、图表等对象外，还可以在幻灯片中插入视频和声音等多媒体对象，增加幻灯片的感染力。

在"插入"选项卡的"插图"选项组中，单击"SmartArt"工具按钮，打开"选择 SmartArt 图形"对话框，选择 SmartArt 图形。

6. 设置主题

设置主题包含设置颜色、选择字体和设置对象效果，它们可以用于创建统一的外观。为演示文稿应用主题时，新主题的幻灯片母版将取代原来的幻灯片母版。应用主题之后，添加的每张新幻灯片都会拥有相同的自定义外观。用户可以修改任意主题以适应需要，或在已创建的幻灯片上设置新主题。

（1）应用 PowerPoint 2016 提供的主题。

要应用 PowerPoint 2016 提供的主题，操作步骤如下。

① 打开要应用设计的演示文稿，选择要应用主题的幻灯片，可在幻灯片浏览视图下完成此任务。

② 查看图 4-7 所示的"设计"选项卡中的"主题"组，查找并选择要使用的主题，查找时只要将鼠标放到某个主题上就会出现该主题的名称。如果没有找到合适的主题，则可以单击主题右侧的下拉按钮，打开主题库，如图 4-8 所示。

图 4-7 "设计"选项卡

③ 单击希望应用的主题，如果在步骤①中选择了一张幻灯片，则将主题应用到整个演示文稿；如果选择了几张幻灯片，则仅为这些幻灯片应用该主题。

（2）创建自定义主题。

如果 PowerPoint 2016 提供的主题不满足用户的要求，用户也可以自己创建主题。首先按照需求设置幻灯片母版的格式，包括幻灯片版式、背景、主题颜色和主题字体，然后将幻灯片主题保存为新主题。操作步骤如下。

图 4-8　主题库

① 在图 4-8 所示的主题库中选择"保存当前主题"命令,打开"保存当前主题"对话框。

② 在"文件名"文本框中为新建主题文件输入名称。

③ 单击"保存"按钮,即可保存新主题。

7. 添加母版

幻灯片母版用于控制幻灯片上输入的标题和文本的格式与类型。PowerPoint 2016 中的母版有幻灯片母版、备注母版和讲义母版。幻灯片母版包含文本占位符和页脚(如日期、时间和幻灯片编号)占位符。

单击"视图"选项卡中的"幻灯片母版"按钮,打开"幻灯片母版"视图,如图 4-9 所示。如果要修改多张幻灯片的外观,不必一张一张地修改,只需要在幻灯片母版上进行一次修改。PowerPoint 2016 将自动更新已有的幻灯片,并对以后新添加的幻灯片应用这些更改。如果要更改文本格式,可选择占位符中的文本并进行更改。例如,将占位符文本的颜色改为蓝色,使已有幻灯片和新添幻灯片的文本自动变为蓝色。

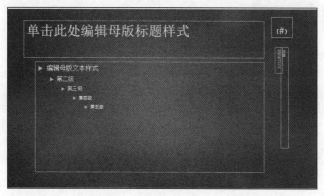

图 4-9　"幻灯片母版"视图

母版还包含背景项目，例如放在每张幻灯片上的图形。如果要使个别幻灯片的外观与母版不同，可以直接修改该幻灯片而不用修改母版。

8．设置幻灯片版式

幻灯片版式即幻灯片中元素的排列组合方式。创建新幻灯片时，可以从预先设计好的幻灯片版式中进行选择。例如，一种版式包含标题、文本和图表占位符，而另一种版式包含标题和剪贴画占位符。可以移动或重置幻灯片版式的大小和格式，使之与幻灯片母版不同，也可以在创建幻灯片后修改其版式。应用一种新的版式时，所有的文本和对象都被保留在幻灯片中，但是可能需要重新排列它们以适应新版式。

确定一种幻灯片版式后，有时还可能需要更换。更换幻灯片版式的操作方法如下。

（1）在"开始"选项卡中，单击"幻灯片"组中的"幻灯片版式"按钮，打开图 4-10 所示的"幻灯片版式"任务窗格。

图 4-10　"幻灯片版式"任务窗格

（2）在 PowerPoint 2016 中，幻灯片的版式是与主题联系在一起的，如图 4-10 所示，在"幻灯片版式"任务窗格中，基于两个主题的所有幻灯片版式都显示在其中。选择一种幻灯片版式后将应用到幻灯片上。

9．设置幻灯片的背景

用户能为幻灯片设置不同的颜色、图案或者纹理等背景，不仅可以为单张幻灯片设置背景，而且可以对母版设置背景，从而快速改变演示文稿中所有幻灯片的背景。

（1）改变幻灯片的背景色。

改变幻灯片的背景色，操作方法如下。

① 若要改变单张幻灯片的背景，可以在普通视图或者幻灯片视图中显示该幻灯片。如果要改变所有幻灯片的背景，可以进入幻灯片母版中更改。

② 在"设计"选项卡中，单击"背景"组中的"设置背景格式"按钮，出现图 4-12所示的"设置背景格式"任务窗格。

③ 选择相应的背景样式，将其应用到幻灯片中。

（2）改变幻灯片的填充效果。

改变幻灯片的填充效果，操作步骤如下。

① 若要改变单张幻灯片的背景，可以在普通视图或者幻灯片视图中选择该幻灯片。

② 在图 4-11 所示的"设计"选项卡的"自定义"组中选择"设置背景格式"选项，打开"设置背景格式"任务窗格，如图 4-12 所示。

图 4-11 "设计"选项卡的"自定义"组 　　　　图 4-12 "设置背景格式"任务窗格

③ 在填充中设置相应的填充效果。

④ 在"渐变填充"单选项中，选择填充颜色的过渡效果，可以设置一种颜色的浓淡效果，或者设置从一种颜色逐渐变化到另一种颜色的效果。在"图片或纹理填充"单选项中，可以选择填充纹理。在"图案填充"单选项中，可以选择填充图案。

⑤ 若要将更改应用到当前幻灯片，可以单击"关闭"按钮；若要将更改应用到所有的幻灯片和幻灯片母版，可以单击"全部应用"按钮；单击"重置背景"按钮可以撤销对背景的设置。

实验 2　演示文稿的格式化

4.2.1　实验目的

（1）掌握幻灯片中文字的编辑方法。

（2）掌握幻灯片中格式的设置方法。

（3）掌握幻灯片中版式的设置方法。

（4）掌握幻灯片中主题的设置方法。

（5）掌握幻灯片中图片的插入方法。

（6）掌握幻灯片中表格的插入方法。

（7）掌握幻灯片中图表的插入方法。

（8）掌握幻灯片中 SmartArt 的插入方法。

（9）掌握幻灯片中超级链接的插入方法。

4.2.2　实验内容

（1）新建一个 PowerPoint 演示文稿，以自己的学号和姓名命名。

（2）新建第一张"标题幻灯片"版式幻灯片，主标题为"学习型社会的学习理念"，副标题为"计算机基础教研室　2024 年 7 月 20 日，"主标题的字体为宋体、字体大小为 48 磅、加粗，副标题的字体为宋体、字体大小为 36 磅。

（3）新建第二张"标题和内容"版式幻灯片，标题为"目录"，采用 SmartArt 图形中的垂直框列表来介绍 4 项内容，内容分别是"一、现代社会知识更新的特点""二、现代文盲——功能性文盲""三、学习的三重目的""四、各个年龄段参与学习的比例"，设置 SmartArt 图形颜色为彩色范围–个性色 4 至 5。

（4）新建第三张"两栏内容"版式幻灯片，标题为"一、现代社会知识更新的特点"，左栏内容为"知识的更新速度实在太快，应对这种变化，我们需要学会学习，学习是现代人的第一需要。"，右栏内容为"人类的知识，目前是每 3 年就增长一倍。知识社会要求其所有成员学会如何学习。'有教养的人'，就是学会了学习的人。"。

（5）新建第四张"比较"版式幻灯片，标题为："二、现代文盲——功能性文盲"，左栏标题为"'学海无涯''学无止境'，内容为"知识就像产品一样频繁地更新换代，如果不能以最有效的方法和最高的效率去获取、分析和加工知识，就无法及时地利用这些知识。因此，一个人终身都要学习。"。右栏内容如下（需要给右栏内容插入编号）。

> 联合国重新定义了新世纪的三类文盲：
>
> 第一类是不能读书识字的人，这是传统意义上的老文盲，是扫盲工作的主要对象；

第二类是不能识别现代社会符号的人;

第三类是不能使用计算机进行学习、交流和管理信息的人。

（6）新建第五张"两栏内容"版式幻灯片，标题为"三、学习的三重目的"，左栏内容为"为了避免自己成为文盲，唯一切实可行的办法就是时时保持学习的习惯，掌握信息时代的学习方法。把学习当作终生的最基本的生存能力。"右栏内容如下。

1. 增长知识
2. 提高技能
3. 培养情感

（7）新建第六张"标题和内容"版式幻灯片，标题为"四、各个年龄段参与学习的比例"，内容如表 4-1 所示。

表 4-1　各个年龄段参与学习的比例

年龄段	参与终身学习的比例
20～30 岁	78%
31～45 岁	65%
46～60 岁	52%

将表格中的字体设置为宋体，字体大小为 12 磅，设置表格样式为浅色样式 2–强调 2。

利用表格中的数据，在表格下方插入饼图，无图表标题。

（8）新建第七张空白的幻灯片，插入艺术字"结束"。

（9）应用一个丝状的主题。

（10）在第四张幻灯片中适当的位置插入一张图片。

（11）为第二张幻灯片的每项内容插入超级链接，单击时可以转到相应幻灯片。

4.2.3　实验步骤

（1）在空白处单击鼠标右键，在弹出的快捷菜单中选择"新建"选项，选择"Microsoft PowerPoint 演示文稿"，将命名为自己的学号和姓名，如 001 张三，然后保存。

（2）双击并打开"001 张三.pptx"文件，如图 4-13 所示。

（3）单击"开始"选项卡，选择"新建幻灯片"选项中的"标题幻灯片"，结果如图 4-14 所示，输入相应的内容。

（4）选中主标题文字，在"字体"选项组中，设置字体为宋体，字体大小为 48 磅，加粗。设置副标题的字体为宋体，字体大小为 33 磅，如图 4-15 所示。

（5）单击"开始"选项卡，选择"新建幻灯片"选项中的"标题和内容"版式幻灯片，在标题中输入目录，设置字体为宋体，字体大小为 48 磅。

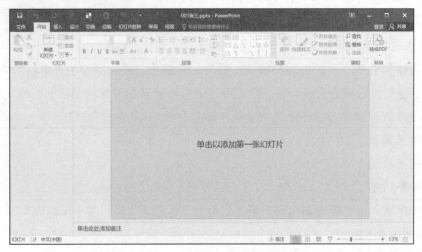

图 4-13　打开 PowerPoint 文件

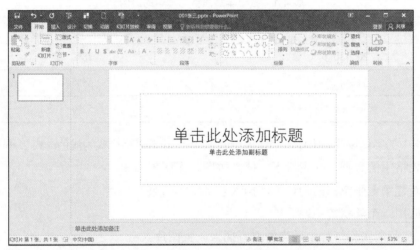

图 4-14　新建"标题幻灯片"

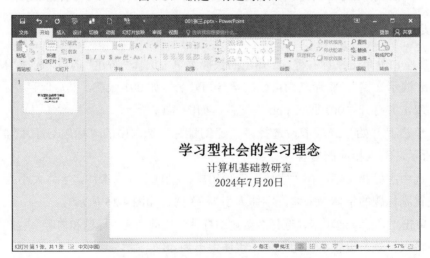

图 4-15　第一张幻灯片字体字号的设置

（6）在内容中，单击"插入"选项卡"插图"选项组中的"SmartArt"按钮，在"选择 SmartArt 图形"对话框中，选择垂直框列表，输入内容，单击"SmartArt 工具"中"设计"选项卡的"更改颜色"按钮，选择彩色范围–个性色 4 至 5。垂直框列表的设置效果如图 4-16 所示。

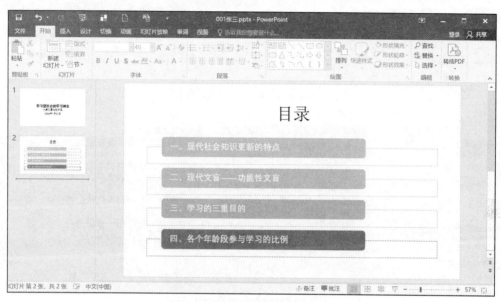

图 4-16　垂直框列表的设置效果

（7）单击"开始"选项卡，选择"新建幻灯片"选项中的"两栏内容"版式幻灯片，输入内容，标题为宋体、字体大小为 48 磅，内容为宋体、字体大小为 36 磅，效果如图 4-17 所示。

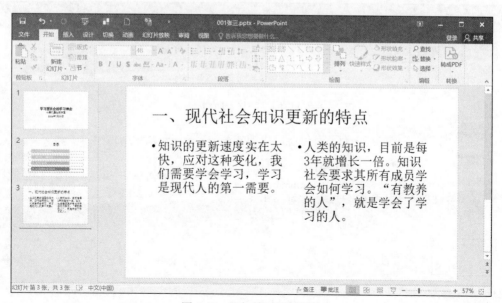

图 4-17　添加第三张幻灯片

（8）单击"开始"选项卡，选择"新建幻灯片"选项中的"比较"版式幻灯片，输入内容，标题为宋体、字体大小为 48 磅，内容为宋体、字体大小为 33 磅，如图 4-18 所示。

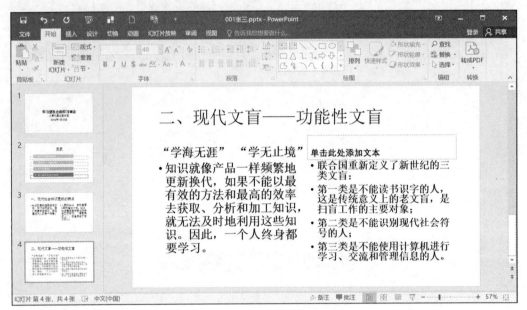

图 4-18　添加第四张幻灯片

（9）单击"开始"选项卡，选择"新建幻灯片"选项中的"两栏内容"版式幻灯片，输入内容，标题为宋体、字体大小为 48 磅，内容为宋体、字体大小为 36 磅，选择右栏文字，在"开始"选项卡中，单击"段落"选项组中的"编号"按钮。效果如图 4-19 所示。

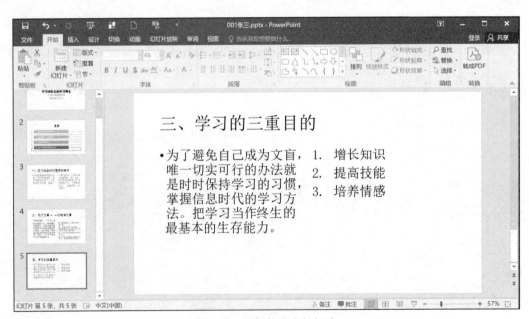

图 4-19　添加第五张幻灯片

（10）单击"开始"选项卡，选择"新建幻灯片"选项中的"标题和内容"版式幻灯片。在标题中输入内容；在文本中，单击"表格"按钮，插入 4 行、2 列表格，如图 4-20 所示。

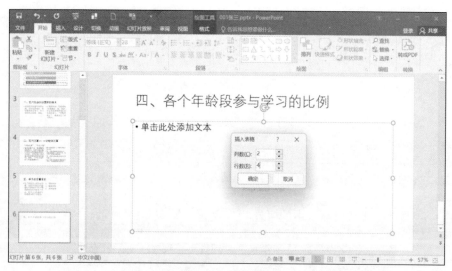

图 4-20　插入表格

（11）在表格中输入内容，设置字体为宋体，字体大小为 12 磅，单击"表格工具"选项中的"设计"按钮，选择"表格样式"为浅色样式 2 中的强调 2，单击"插入"选项卡"插图"选项组中的"图表"按钮，输入内容。图表的设置效果如图 4-21 所示。

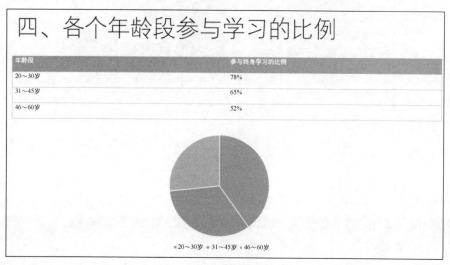

图 4-21　图表的设置效果

（12）单击"开始"选项卡，选择"新建幻灯片"选项中的"空白"版式幻灯片，单击"插入"选项卡中的第一行第三列艺术字格式，如图 4-22 所示。输入"结束"。

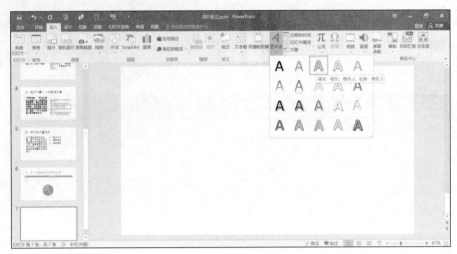

图 4-22　插入艺术字

（13）单击"设计"选项卡中的"丝状"主题，如图 4-23 所示。

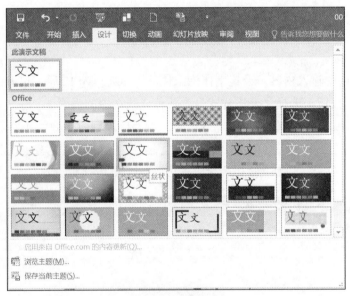

图 4-23　设置主题

（14）选中第四张幻灯片，单击"插入"选项卡中的"图片"按钮，选择文件夹中的"幻灯片 4.jpg"文件，将其放到适当的位置，单击"图片工具"选项卡，选择"图片样式"中的"棱台左透视，白色"，如图 4-24 所示。

（15）单击第二张幻灯片，选中垂直框中的文字，单击"插入"选项卡中的"超链接"按钮，在"插入超链接"对话框中，选择"本文档中的位置"，选择第三张幻灯片，其余的超链接按同样的方法操作，链接到对应的位置，如图 4-25 所示。

（16）单击"文件"菜单中的"保存"按钮，最终效果如图 4-26 所示。

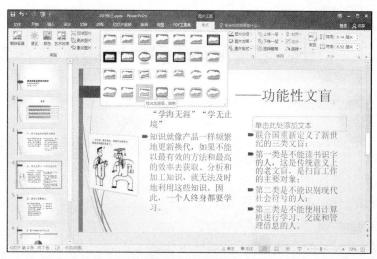

图 4-24　图片样式

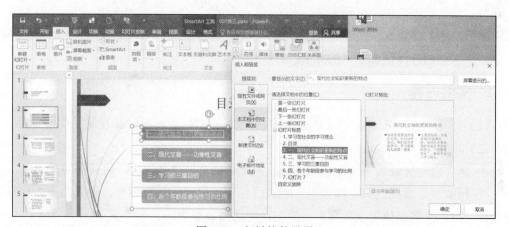

图 4-25　超链接的设置

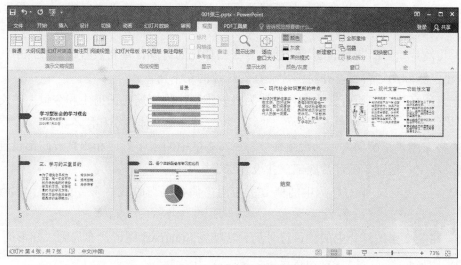

图 4-26　实验 2 的最终效果

实验 3　幻灯片的动画效果设置

4.3.1　实验目的

（1）掌握幻灯片母版的设置方法。

（2）掌握幻灯片背景的设置方法。

（3）掌握幻灯片字体与对齐方式的设置方法。

（4）掌握 SmartArt 图形的设置方法。

（5）掌握项目符号的设置方法。

（6）掌握图片格式的设置方法。

（7）掌握动画效果的设置方法。

（8）掌握幻灯片编号的设置方法。

（9）掌握幻灯片切换效果的方法。

4.3.2　实验内容

（1）打开"第 4 章演示文稿实验\实验三\PPT.pptx"，后续操作都在此文件中完成。

（2）设置幻灯片母版。

① 将"自定义版式"的版式名称修改为"奇数页"。"偶数页"版式类似。

② 修改"奇数页"和"偶数页"版式的标题占位符的填充颜色，使其与下方梯形边框颜色一致，设置字体为微软雅黑、加粗，并适当调整大小。

③ 设置"奇数页"版式的页码占位符为左对齐。

④ 在"奇数页"和"偶数页"版式的页码占位符上方均插入"口罩.png"图片。

（3）设置第 1 张幻灯片。

① 将图片"封面背景.png"作为第 1 张幻灯片的背景，重新设置该幻灯片中的图片及其大小，删除图片背景，并将图片放在幻灯片的左下角。

② 将幻灯片上的所有文本字体设置为微软雅黑，将"病毒的前生和今世"的文本颜色设置为"水绿色，个性色 5，深色 25%"，并适当调整字体大小和段落格式。

③ 将文本"了解病毒，珍爱生命！"在文本框中的水平方向和垂直方向都设置为居中对齐，将文本框置于幻灯片底部，并设置水平居中对齐。

（4）将第 2～14 张幻灯片中的偶数页应用"偶数页"版式，奇数页应用"奇数页"版式。

（5）将第 2 张幻灯片中的项目符号列表转换为 SmartArt 图形，布局为"梯形列表"，将图形中的形状填充颜色设置为青色。

（6）在第 6 张幻灯片中，适当调整图片和文本的位置，并将项目符号列表修改为编号列表，分为两列，每列有 7 个项目。

（7）将第 7 张幻灯片中的项目符号列表转换为 SmartArt 图形，布局为"基本流程"，并修改形状间的 5 个箭头为"燕尾形"箭头。

（8）在第 10 张幻灯片中，适当调整文本和图片的位置，将图片替换为"第 4 章演示文稿实验\实验三\被病毒感染的辣椒.png"，并保证图片的样式不变。

（9）在第 11 张幻灯片中，适当调整文本占位符和图片的位置，并将图片重新着色为"水绿色，个性色 5，深色 25%"。

（10）将第 15 张幻灯片设置为"空白"版式，并应用与首张幻灯片相同的背景图片，适当设置文本的格式与位置，文本在文本框中水平居中对齐，文本框在页面中水平居中对齐。

（11）为第 11 张幻灯片中的图片设置动画效果，单击鼠标时，图片以"浮入"的效果出现，之后自动以"陀螺旋"的强调效果旋转 3 次。

（12）为演示文稿添加幻灯片编号，标题幻灯片中不显示编号。

（13）为每张幻灯片设置不同的切换效果。

4.3.3　实验步骤

（1）双击打开"第 4 章演示文稿实验\实验三"中的文件"PPT.pptx"和"样例效果.docx"。

（2）将鼠标指针定位到打开的文件"PPT.pptx"上，单击"视图"选项卡"母版视图"组中的"幻灯片母版"。选中名称为"自定义版式"的幻灯片（即最后一张幻灯片），单击鼠标右键，在弹出的快捷菜单中选择"重命名版式"选项，弹出"重命名版式"对话框。在该对话框中设置版式名称为"奇数页"，单击"重命名"按钮，如图 4-27 所示。

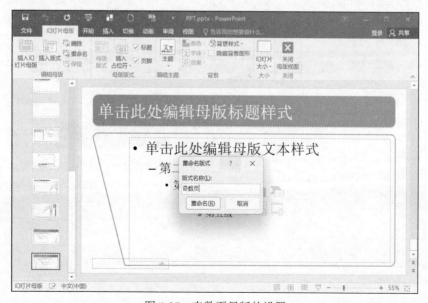

图 4-27　奇数页母版的设置

（3）选中奇数页版式中的标题占位符，在"绘图工具"的"格式"选项卡中，单击"形状样式"组中的"形状填充"下拉按钮，选择"最近使用的颜色"中的"青色"，如图 4-28 所示。在"开始"选项卡的"字体"组中，设置字体名称为微软雅黑、加粗，适当调整字体大小为 54 磅。按照同样的方法设置偶数页版式的标题占位符。

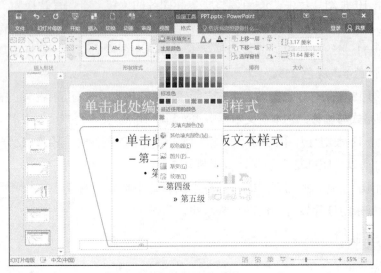

图 4-28　填充颜色

（4）选择奇数页版式下方的页码占位符，单击"开始"选项卡"段落"组中的左对齐按钮。

（5）单击"插入"选项卡"图像"组中的"图片"按钮，在弹出的对话框中，选择文件夹下的图片"口罩.png"，单击"插入"按钮。选中图片，将其拖动到页码占位符的上方，如图 4-29 所示。按照同样的方法设置偶数页版式。

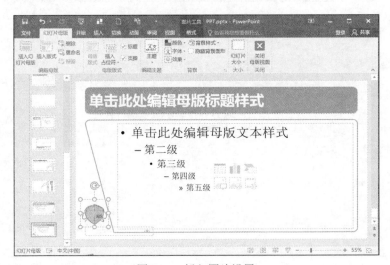

图 4-29　插入图片设置

（6）单击"幻灯片母版"选项卡"关闭"组中的"关闭母版视图"按钮。

（7）选择第1张幻灯片，单击鼠标右键，在弹出的快捷菜单中选择"设置背景格式"选项，在幻灯片右侧弹出相应的窗口。选择"图片或纹理填充"，单击"插入图片来自"下的"文件"按钮，选择"第4章演示文稿实验\实验三"中的图片"封面背景.png"，单击"插入"按钮，关闭窗格。

（8）选择第1张幻灯片右侧的图片，在"图片工具"的"格式"选项卡中，单击"调整"组中的"重设图片"下拉按钮，选择"重设图片和大小"；单击"删除背景"按钮，将图片内部边框和外部边框重合，单击"背景消除"选项卡"关闭"组中的"保留更改"按钮。调整图片位置。

（9）选中副标题，设置字体为微软雅黑，单击"关闭"按钮。

（10）选中标题占位符，在"字体"组中设置字体颜色为"水绿色，个性色5，深色25%"，调整字体大小为88磅，调整段落格式。

（11）选中副标题占位符，单击"段落"组中的"对齐文本"下拉按钮，选择"中部对齐"。在"绘图工具"的"格式"选项卡中，单击"排列"组中的"对齐"下拉按钮，选择"底端对齐"，再次单击"对齐"下拉按钮，选择"水平居中"。第1张幻灯片的效果，如图4-30所示。

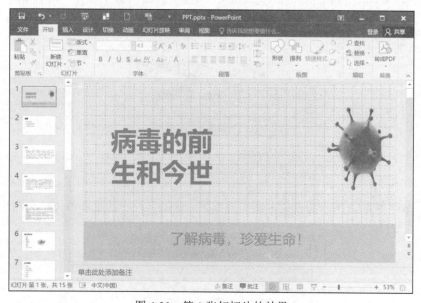

图4-30　第1张幻灯片的效果

（12）选择第2张幻灯片，按住Ctrl键，依次选择第4、6、8、10、12、14张幻灯片，单击"开始"选项卡"幻灯片"组中的"版式"下拉按钮，选择"偶数页"。

（13）选择第3张幻灯片，按住Ctrl键，依次选择第5、7、9、11、13张幻灯片，单击"开始"选项卡"幻灯片"组中的"版式"下拉按钮，选择"奇数页"。

（14）将鼠标指针定位在第2张幻灯片的内容占位符中，单击鼠标右键，在弹出的快捷菜单中选择"转换为 SmartArt"下的"其他 SmartArt 图形"选项，如图 4-31 所示。在弹出的对话框中选择"列表"中的"梯形列表"，单击"确定"按钮。

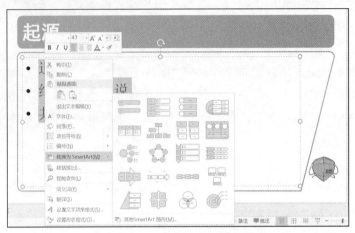

图 4-31　SmartArt 图形的设置

（15）选择 SmartArt 图形中的左侧形状，在"SmartArt 工具"的"格式"选项卡中，单击"形状样式"组中的"形状填充"按钮，将填充颜色设置为青色。其他两个形状按照同样的方法设置填充颜色。第 2 张幻灯片的效果，如图 4-32 所示。

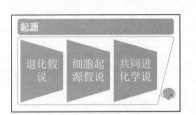

图 4-32　第 2 张幻灯片的效果

（16）参照图 4-33 所示的效果，适当调整第 6 张幻灯片中的文本占位符和图片的位置。

图 4-33　第 6 张幻灯片的效果

（17）选择文本，单击"开始"选项卡"段落"组中的"编号"下拉按钮，选择和效果文件中一样的编号（1.、2.、3.……）；单击"添加或删除栏"下拉按钮，选择"两列"。

在"字体"组中适当调整字体大小为 32 磅，使每列 7 个项目。

（18）在第 7 张幻灯片内容占位符中，单击鼠标右键，在弹出的快捷菜单中选择"转换为 SmartArt"菜单下的"其他 SmartArt 图形"选项，在弹出的对话框中，选择"流程"中的"基本流程"，单击"确定"按钮。

（19）选择第一个箭头，单击"SmartArt 工具格式"选项卡"形状"组中的"更改形状"下拉按钮，选择"箭头总汇"中的"燕尾形"箭头。

（20）按照同样的方法设置其余的箭头为"燕尾形"箭头。第 7 张幻灯片的效果，如图 4-34 所示。

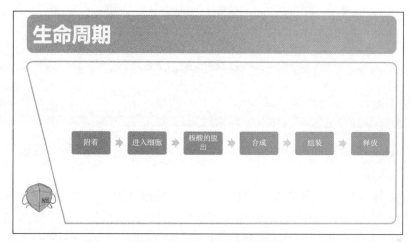

图 4-34 第 7 张幻灯片的效果

（21）参照图 4-35 所示的效果，调整第 10 张幻灯片中的文本占位符和图片的位置。

（22）选中图片，在"绘图工具"的"格式"选项卡中，单击"调整"组中的"更改图片"按钮，在弹出的对话框中，单击"脱机工作"按钮，选择"第 4 章演示文稿实验\实验三\被病毒感染的辣椒.png"，单击"打开"按钮。

图 4-35 第 10 张幻灯片的效果

（23）参照图 4-36 所示的效果，适当调整第 11 张幻灯片中的文本占位符和图片的位置。

图 4-36　第 11 张幻灯片的效果

（24）选中图片，在"绘图工具"的"格式"选项卡中，单击"调整"组中的"颜色"下拉按钮，选择"重新着色"中的"水绿色，个性色 5，深色 25%"。

（25）选中第 15 张幻灯片，单击"开始"选项卡"幻灯片"组中的"版式"下拉按钮，选择"空白"选项。

（26）将鼠标指针定位到第 15 张幻灯片，单击鼠标右键，在弹出的快捷菜单中选择"设置背景格式"选项，在幻灯片右侧弹出窗格。选择"图片或纹理填充"，单击"插入图片来自"下的"文件"按钮，在弹出的对话框中，选择文件夹下的图片"封面背景.png"，单击"插入"按钮，关闭窗格。

（27）将"讲座结束　谢谢聆听"字体设置为微软雅黑，字体大小为 96 磅，颜色为青色，加粗；将"汇报人：小薛"字体设置为微软雅黑，字体大小为 28 磅，颜色为白色。

（28）选择一个文本框，单击"开始"选项卡"段落"组中的"居中"按钮。在"绘图工具"的"格式"选项卡中，单击"排列"组中的"对齐"下拉按钮，选择"水平居中"。按照同样的方法设置另一个文本框。第 15 张幻灯片的效果，如图 4-37 所示。

图 4-37　第 15 张幻灯片的效果

（29）选择第 11 张幻灯片中的图片，单击"动画"选项卡"动画"组中的"其他"下拉按钮，选择"浮入"；单击"计时"组中的"开始"下拉按钮，选择"单击时"选项；单击"高级动画"组中的"添加动画"下拉按钮，选择"强调"下的"陀螺旋"，单击"动画"组中的右下角扩展按钮，弹出"陀螺旋"对话框。在"计时"选项卡中，单击"开始"右侧的下拉按钮，选择"上一动画之后"，设置重复值为"3"，如图 4-38 所示，单击"确定"按钮。

图 4-38　"陀螺旋"对话框计时选项卡的设置

（30）选择第 1 张幻灯片，单击"插入"选项卡"文本"组中的"幻灯片编号"按钮，弹出对应的对话框，在其中勾选"幻灯片编号"和"标题幻灯片中不显示"复选框，单击全部应用。

（31）选择第 1 张幻灯片，选择"切换"选项卡的"切出"选项，如图 4-39 所示，其余的幻灯片按同样的方法操作。

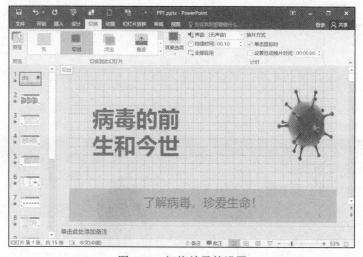

图 4-39　切换效果的设置

（32）实验 3 的最终效果如图 4-40 所示。

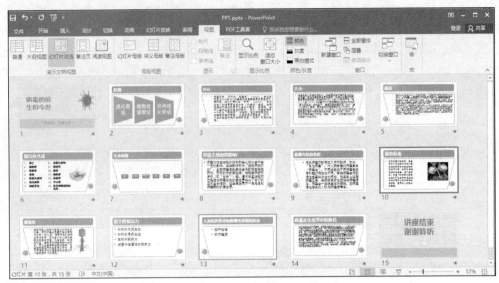

图 4-40　实验 3 的最终效果

（33）保存并关闭文件。

实验 4　幻灯片的综合效果设置

4.4.1　实验目的

（1）掌握主题的设置方法。

（2）掌握母版的设置方法。

（3）掌握图片格式的设置方法。

（4）掌握动画效果的设置方法。

（5）掌握超链接的设置方法。

（6）掌握背景的设置方法。

（7）掌握 SmartArt 图形的设置方法。

（8）掌握幻灯片编号的设置方法。

（9）掌握切换效果的设置方法。

（10）掌握字体的设置方法。

4.4.2　实验内容

（1）打开"第 4 章演示文稿实验\实验四\PPT.pptx"，后续操作都在此文件中完成。

（2）依据"第 4 章演示文稿实验\实验四"中"1～3 张素材.txt"中的内容大纲提示，在演示文稿最前面新建 3 张幻灯片，"1～3 张素材.txt"中的"儿童孤独症的干预与治疗""目录""基本介绍"3 行内容为幻灯片标题，其下方的内容分别为各自幻灯片的文本内容。

（3）为演示文稿应用自定义设计主题"第 4 章演示文稿实验\实验四\聚合 1.thmx"，在幻灯片母版右上角插入素材图片"第 4 章演示文稿实验\实验四\1ogo.png"，改变图片样式，为其重新着色，并将其置于幻灯片所有对象的底层。

（4）将第 1 张幻灯片的版式设置为"标题幻灯片"，为标题和副标题分别指定动画效果。单击时标题以"飞入"方式进入，3 秒后副标题自动以任意方式进入，5 秒后标题自动以"飞出"方式退出，接着 3 秒后副标题自动以任意方式退出。

（5）设置第 2 张幻灯片的版式为"图片与标题"，将"第 4 章演示文稿实验\实验四"中的图片"pic1.jpg"插入图片占位符中；为目录内容应用格式为"1.、2.、3.……"的编号，并分为两栏，适当增大其字号，为目录中的每项内容分别添加可跳转至相应幻灯片的超链接。

（6）将第 3 张幻灯片的版式设置为"两栏内容"，背景以"羊皮纸"纹理填充。在右侧的文本框中插入一个表格，将"基本信息（见表格）"下方的 5 行 2 列文本移动到右侧表格中，并根据内容适当调整表格大小。

（7）因为第 6 张幻灯片内容过多，所以需要将其拆分为 4 张标题相同、内容不同的幻灯片。

（8）将第 11 张幻灯片中的文本内容转换为"表层次结构"SmartArt 图形，适当更改其颜色、样式，设置二、三级文本的文字方向；为 SmartArt 图形添加动画效果，令 SmartArt 图形伴随"风铃"声逐个"弹跳"式进入；将幻灯片左侧的红色文本作为本张幻灯片的备注文字。

（9）除标题幻灯片外，其他幻灯片均包含幻灯片编号和内容为"儿童孤独症的干预与治疗"的页脚。

（10）将"第 4 章演示文稿实验\实验四"中"结束篇.pptx"幻灯片作为"PPT.pptx"的最后一张幻灯片，并保留源格式。

（11）为除标题幻灯片以外的其他幻灯片应用切换效果。将幻灯片中所有文字字体设置为"微软雅黑"。

4.4.3　实验步骤

（1）双击打开"第 4 章演示文稿实验\实验四"中的"PPT.pptx"，将鼠标指针定位到第 1 张幻灯片上方，按 3 次"Enter"键新建 3 张幻灯片。

（2）双击打开"第 4 章演示文稿实验\实验四"中的"1～3 张素材.txt"，选中文字"儿童孤独症的干预与治疗"，按"Ctrl+C"组合键进行复制，单击第 1 张幻灯片的标题文本框，按"Ctrl+V"组合键粘贴内容。按照同样的方法将文字内容复制粘贴到对应的幻灯片中。（粘贴后注意删除多余的空格）

（3）选中第 1 张幻灯片，单击"设计"选项卡"主题"组右侧的下拉按钮，选择"浏览主题"，如图 4-41 所示。弹出对应的对话框，选择文件夹下的"聚合 1.thmx"，单击"应用"按钮。

图 4-41　主题的设置

（4）单击"视图"选项卡"母版视图"组中的"幻灯片母版"按钮，选择第 1 张母版幻灯片，单击"插入"选项卡"图像"组中的"图片"按钮，弹出对应的对话框，定位到"实验四"文件夹，选择图片"logo.png"，单击"插入"按钮，如图 4-42 所示。

图 4-42　在幻灯片母版中插入图片

（5）选中图片，在"图片工具"的"格式"选项卡中，单击"排列"组中的"对齐"下拉按钮，选择"顶端对齐"；再次单击"对齐"下拉按钮，选择"右对齐"。在"图片样式"组中，选择任意居中矩形阴影的图片样式。单击"调整"组中的"颜色"下拉按钮，选择"重新着色"下的"青绿，个性色 1，深色"，如图 4-43 所示。选中图片，单击鼠标右键，在弹出的快捷菜单中选择"置于底层"选项。

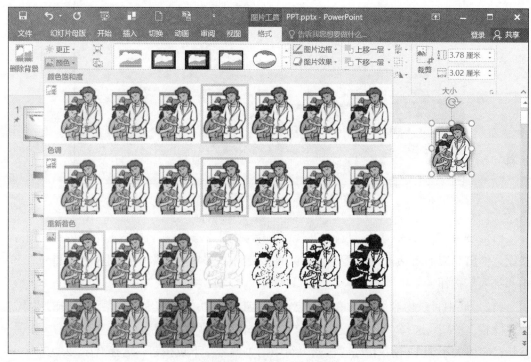

图 4-43　图片格式的设置

（6）在"幻灯片母版"选项卡的"关闭"选项组中，单击"关闭母版视图"按钮。

（7）选中第 1 张幻灯片，单击"开始"选项卡"幻灯片"组中的"版式"下拉按钮，选择"标题幻灯片"选项。选择标题占位符，在"动画"选项卡"动画"组中选择"飞入"动画效果，单击"计时"组中的"开始"下拉按钮，选择"单击时"选项。

（8）选中副标题占位符，在"动画"组中选择任意一种进入"浮入"动画效果，单击"计时"组中的"开始"下拉按钮，选择"上一动画之后"选项，设置"延迟"时间为 3 秒（03.00）。

（9）选中标题占位符，单击"高级动画"组中的"添加动画"下拉按钮，选择"退出"中的"飞出"动画效果。单击"计时"组中的"开始"下拉按钮，选择"上一动画之后"选项，设置"延迟"时间为 5 秒（05.00）。

（10）选中副标题占位符，单击"高级动画"组中的"添加动画"下拉按钮，选择"退出"中的"浮出"动画效果。单击"计时"组中的"开始"下拉按钮，选择"上一动画之后"选项，设置"延迟"时间为 3 秒（03.00），如图 4-44 所示。

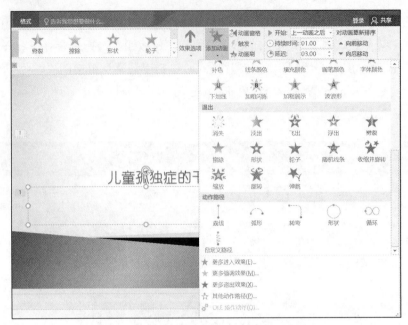

图 4-44　添加动画"浮出"效果

（11）选中第 2 张幻灯片，设置幻灯片版式为"图片与标题"。单击占位符内的"图片"按钮，弹出对应的对话框，选择"第 4 章演示文稿实验\实验四"中的图片"pic1.jpg"，单击"插入"按钮。

（12）选中目录内容所在的内容占位符，单击"开始"选项卡"段落"组中的"添加或删除栏"按钮，选择"两列"选项；单击"开始"选项卡下"字体"组中的"增大字号"按钮，字体大小为 12 磅；单击"段落"组中的"编号"下拉按钮，选择"1.、2.、3.……"编号，删除编号后的多余空格。第 2 张幻灯片"编号"的设置效果如图 4-45 所示。

图 4-45　第 2 张幻灯片"编号"的设置效果

（13）选中文字"基本介绍"，单击"插入"选项卡"链接"组中的"超链接"按钮，在弹出的对话框中选择"本文档中的位置"，在右侧列表框内选择"3.基本介绍"，单击"确定"按钮。

（14）按照同样的方法将目录内容中的其余项目链接到对应的幻灯片。

（15）选中第 3 张幻灯片，设置幻灯片的版式为"两栏内容"。

（16）在第 3 张幻灯片的空白位置，单击鼠标右键，在弹出的快捷菜单中选择"设置背景格式"选项。在幻灯片右侧弹出的窗格中，选择"图片或纹理填充"，单击"纹理"下拉按钮，选择"羊皮纸"，关闭窗格，如图 4-46 所示。

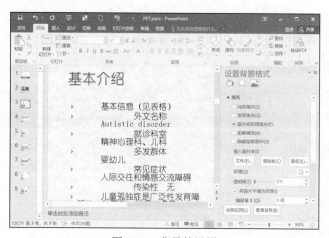

图 4-46　背景的设置

（17）在第 3 张幻灯片右侧内容占位符内，单击"插入"选项卡"表格"组的"表格"下拉按钮，选择"插入表格"命令，在弹出的对话框中设置"列数"为 2，"行数"为 5，单击"确定"按钮。将幻灯片左侧内容占位符内的"基本信息（见表格）"下的五行文本剪切（按"Ctrl+X"组合键）并粘贴（按"Ctrl+V"组合键）到表格对应单元格内，删除多余的空格，适当调整表格大小。选中表格，在"开始"选项卡"字体"组中，设置字体为微软雅黑，如图 4-47 所示。

图 4-47　第 3 张幻灯片的效果

（18）选中第 6 张幻灯片，单击"视图"选项卡"演示文稿视图"组中的"大纲视图"按钮，切换至大纲视图。

（19）将鼠标指针定位到"某种程度的障碍"文字的后面，按"Enter"键，单击两次"开始"选项卡"段落"组中的"降低列表级别"按钮，输入文字"临床表现"，如图 4-48 所示。

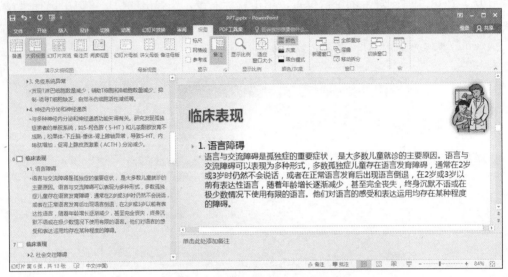

图 4-48　拆分成 2 张幻灯片后的效果

（20）按照同样的方法拆分其余内容，将第 6 张幻灯片拆分为 4 张标题相同、内容不同的幻灯片。

（21）单击"视图"选项卡"演示文稿视图"组中的"普通"按钮，切换至普通视图。

（22）选中第 11 张幻灯片内容占位符中的文字，单击"开始"选项卡"段落"组中的"转换为 SmartArt"下拉按钮，选择"其他 SmartArt 图形"，在弹出的对话框中选择"层次结构"中的"表层次结构"，单击"确定"按钮。

（23）在"SmartArt 工具"的"设计"选项卡中，选择"SmartArt 样式"组中的"强烈效果"样式，单击"更改颜色"下拉按钮，选择"彩色填充，个性色 1"。选中（按住"Ctrl"键）SmartArt 图形中除了"1.训练干预方法"和"2.药物治疗"所在的形状，单击鼠标右键，在弹出的快捷菜单中选择"设置形状格式"选项，幻灯片右侧弹出"设置形状格式"窗格。在"形状选项"选项卡中，展开"文本框"选项，设置"文字方向"为"竖排"，关闭窗格，如图 4-49 所示。

（24）选中 SmartArt 图形，在"动画"选项卡"动画"组中，选择"弹跳"动画效果。单击动画组右下角的扩展按钮，弹出"弹跳"对话框。在"效果"选项卡中，单击"声音"下拉按钮，选择"风铃"，如图 4-50 所示。在"SmartArt 动画"选项卡中，单击"组合图形"下拉按钮，选择"逐个按分支"，如图 4-51 所示，单击"确定"按钮。

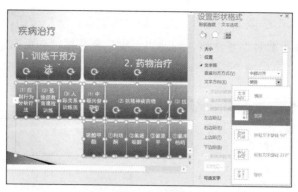

图 4-49 设置形状格式

图 4-50 动画效果声音的设置

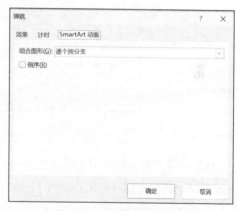

图 4-51 动画效果的设置

（25）选中整个 SmartArt 图形，在"开始"选项卡"字体"组中，设置字体名称为"微软雅黑"。

（26）选中幻灯片左侧的红色文本内容，按"Ctrl+C"组合键复制，在幻灯片下方"单击此处添加备注处"单击鼠标左键，按"Ctrl+V"组合键粘贴，并删除多余空格。选中红色文本所在的文本框，按"Delete"键删除。第 11 张幻灯片的效果如图 4-52 所示。

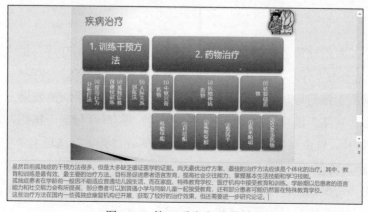

图 4-52 第 11 张幻灯片的效果

（27）单击"插入"选项卡"文本"组中的"页眉和页脚"按钮，弹出"页眉和页脚"对话框。勾选"幻灯片编号"复选框，勾选"页脚"复选框，在页脚输入框内输入"儿童孤独症的干预与治疗"。勾选"标题幻灯片中不显示"复选框，如图4-53所示，单击"全部应用"按钮。

图4-53　"页眉和页脚"对话框

（28）打开"第4章演示文稿实验\实验四"中的"结束篇.pptx"，选中幻灯片按"Ctrl+C"组合键复制，将鼠标指针定位在"PPT.pptx"最后一张幻灯片的下方，单击鼠标右键，在弹出的快捷菜单中选择"粘贴"选项中的"保留源格式"选项，如图4-54所示，关闭文件"结束篇.pptx"。

图4-54　第13张幻灯片的效果

（29）选中一张幻灯片，在"切换"选项卡的"切换到此幻灯片"组中选择一种"推进"切换效果，单击"计时"组中的"全部应用"按钮。

（30）选择第1张幻灯片，在"切换到此幻灯片"组中设置切换效果为"无"。

（31）单击"视图"选项卡"母版视图"组中的"幻灯片母版"按钮，选中母版视图中的第1张幻灯片，选中标题占位符和内容占位符，在"开始"选项卡"字体"组中，设置字体名称为微软雅黑。

（32）单击"母版视图"选项卡"关闭"组中的"关闭母版视图"按钮。

（33）实验4的最终效果如图4-55所示，保存并关闭文件。

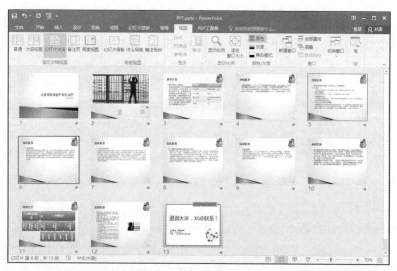

图 4-55 实验 4 的最终效果

实验 5 演示文稿的放映、动画与超链接

4.5.1 实验目的

（1）掌握在幻灯片中导入 Word 文档内容的方法。

（2）掌握幻灯片背景的设置方法。

（3）掌握幻灯片字体与对齐方式的设置方法。

（4）掌握 SmartArt 图形的设置方法。

（5）掌握表格的设置方法。

（6）掌握图片格式的设置方法。

（7）掌握动画效果的设置方法。

（8）掌握幻灯片主题的设置方法。

（9）掌握幻灯片放映方式的设置方法。

（10）掌握幻灯片背景音乐的设置方法。

（11）掌握幻灯片版式的设置方法。

（12）掌握在幻灯片中增加节的方法。

（13）掌握幻灯片切换效果的方法。

（14）掌握在幻灯片中设置超链接的方法。

4.5.2 实验内容

（1）打开"第 4 章演示文稿实验\实验五"中的"PPT.pptx"，后续操作均基于此文件，内容需要包含考生文件夹的"图书策划方案.docx"文件中所有讲解的要点，具体如下。

① 演示文稿中的内容编排，需要严格遵循 Word 文档中的内容顺序，并仅需要包含 Word 文档中应用了"标题1""标题2""标题3"样式的文字内容。

② Word 文档中应用了"标题1"样式的文字，需要将其设置为演示文稿中每页幻灯片的标题文字。

③ Word 文档中应用了"标题2"样式的文字，需要将其设置为演示文稿中每页幻灯片的第一级文本内容。

④ Word 文档中应用了"标题3"样式的文字，需要将其设置为演示文稿中每页幻灯片的第二级文本内容。

（2）将演示文稿中的第 1 张幻灯片，调整为"标题幻灯片"版式。

（3）新建一张标题和内容版式的幻灯片，作为第 2 张幻灯片，标题为"目录"，字体为微软雅黑，字体大小为 48 磅，内容为第 3～8 张幻灯片的标题文字。

（4）对第 2 张幻灯片内容的文字，设置超链接到对应的幻灯片。

（5）为演示文稿应用一个美观的主题样式。

（6）设置第 2 张幻灯片的纹理为"羊皮纸"背景，并隐藏背景图形。

（7）在标题为"2024 年同类图书销量统计"的幻灯片中，插入一个 6 行、5 列的表格，列标题分别为"图书名称""出版社""作者""定价""销量"，设置表格样式为"浅色样式 2-强调 2"。

（8）在标题为"新版图书创作流程示意"的幻灯片中，将文本框中包含的流程文字利用"垂直项目符号列表"SmartArt 图形展现，颜色为"个性色 2-个性色 3"，动画效果为自左侧同一个级别依次飞入。

（9）为第 1 张幻灯片和第 2 张幻灯片新增"开始"节，为第 3～8 张幻灯片新增"内容"节。

（10）在第 2 张幻灯片中，插入"第 4 章演示文稿实验\实验五"中的"图片.jpg"图片，将图片的大小设置为 8 厘米高、12 厘米宽，图片样式设置为"映像右透视"。

（11）在该演示文稿中创建一个演示方案，该演示方案包含第 1、2、4、7 页幻灯片，并将该演示方案命名为"放映方案 1"。

（12）在该演示文稿中创建一个演示方案，该演示方案包含第 1、2、3、5、6 页幻灯片，并将该演示方案命名为"放映方案 2"。

（13）设置演示文稿放映方式为"循环放映，按 ESC 键终止"，换片方式为"手动"。

（14）设置幻灯片为"显示"切换效果。

（15）指定音频文件"封面图书.mp3"为演示文稿放映时的背景音乐，背景音乐需要全程在后台自动循环播放，并且音频图标在放映时自动隐藏。

（16）将制作完成的演示文稿以"PPT.pptx"为文件名保存在"第 4 章演示文稿实验\实验五"中（".pptx"为扩展名），否则不得分。

4.5.3　实验步骤

（1）打开"第 4 章演示文稿实验\实验五"中的"PPT.pptx"，在"开始"选项卡的"幻灯片"组中单击"新建幻灯片"下拉按钮，选择"幻灯片（从大纲）"，如图 4-56 所示。选择"第 4 章演示文稿实验\实验五"中的"图书策划方案.docx"文件，单击"插入"按钮。

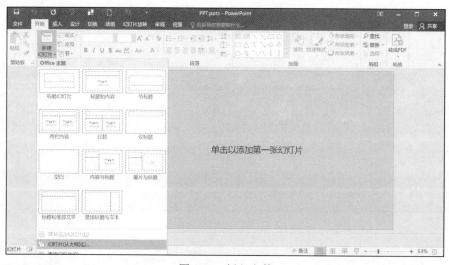

图 4-56　插入文件

（2）单击第 1 张幻灯片，在"开始"选项卡中，选择幻灯片组"版式"中的"标题幻灯片"，如图 4-57 所示。

图 4-57　设置幻灯片版式

（3）把鼠标指针放在第 2 张幻灯片上，在"开始"选项卡中，单击"新建幻灯片"中的"标题和内容"版式幻灯片，在标题中输入"目录"，设置字体为微软雅黑，大小为

48 磅，居中对齐，在内容中输入第 3～8 张幻灯片中的标题文字，如图 4-58 所示。

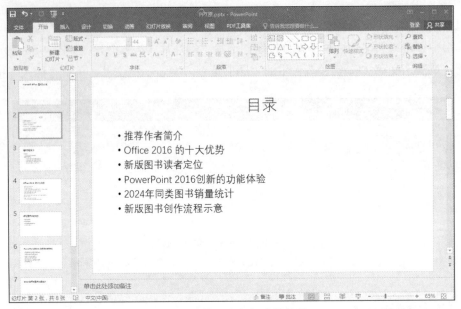

图 4-58　第 2 张幻灯片的效果

（4）选中第 2 张幻灯片中的第一行文字内容，单击"插入"选项卡"链接"组中的"添加超链接"按钮。在"插入超链接"对话框中，选择本文档中的位置，如图 4-59 所示。将后面的文字，按相同的操作插入超链接到对应的幻灯片。

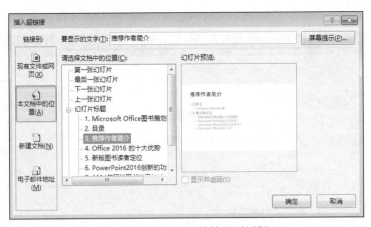

图 4-59　"插入超链接"对话框

（5）在"设计"选项卡中，单击"主题"组下拉按钮，选择"平面"主题。

（6）单击第 2 张幻灯片，在"设计"选项卡中，单击"自定义"中的"设置背景格式"按钮，打开"设置背景格式"任务窗格，选择"羊皮纸"纹理，选择"隐藏背景图形"选项，如图 4-60 所示。

图 4-60　设置背景格式

（7）选中标题为"2024 年同类图书销量统计"的幻灯片，在"插入"选项卡的"表格"组中单击"表格"下拉按钮，选择"插入表格"命令，即可弹出"插入表格"对话框。

（8）在"列数"微调框中输入"5"，在"行数"微调框中输入"6"，然后单击"确定"按钮即可在幻灯片中插入一个 6 行、5 列的表格。

（9）在表格中分别依次输入列标题"图书名称""出版社""作者""定价""销量"。

（10）在"表格工具"的"设计"选项卡中，单击"表格样式"组的下拉按钮，选择"浅色样式 2-强调 2"样式，如图 4-61 所示。

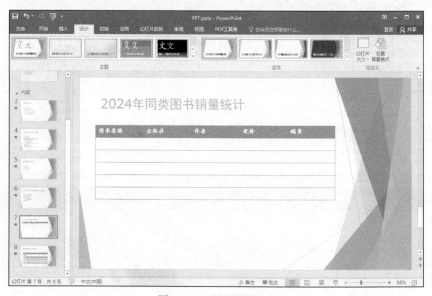

图 4-61　设置表格样式

（11）单击标题为"新版图书创作流程示意"的幻灯片，选中内容文本框中的文字内容，单击鼠标右键，在弹出的快捷菜单中选择"转换为 SmartArt"中的"垂直项目符号列表"选项。

（12）单击 SmartArt 图形，在"SmartArt 工具"的"设计"选项卡中，单击"更改颜色"下拉按钮，选择"个性色 2-个性色 3"颜色，如图 4-62 所示。

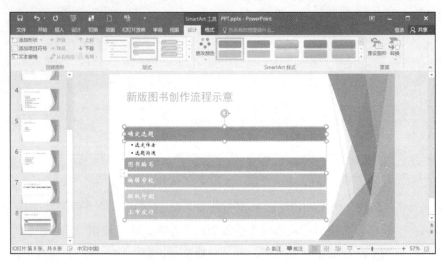

图 4-62　设置 SmartArt 图形颜色

（13）选择"动画"选项卡中的"飞入"效果，单击"效果选项"下拉按钮，选择"自左侧"选项，序列为"逐个级别"，如图 4-63 所示。

图 4-63　设置动画效果

（14）单击第 1 张幻灯片，在"开始"选项卡的"幻灯片"组中，单击"节"下拉按钮，选择"新增节"选项，如图 4-64 所示。

图 4-64　设置新增节

（15）在"无标题节"上单击鼠标右键，在弹出的快捷菜单中选择重命名节为"开始"，如图 4-65 所示，单击第 3 张幻灯片，按同样的方法设置节。

图 4-65　设置重命名节

（16）单击第 2 张幻灯片，选择"插入"选项卡"图像"组中的"图片"按钮，插入"第 4 章演示文稿实验\实验五"中的"图片.jpg"文件。

（17）在图片上单击鼠标右键，在弹出的快捷菜单中选择"设置图片格式"，在"设置图片格式"对话框中，取消勾选"锁定纵横比"，设置高度为 8 厘米，宽度为 12 厘米，如图 4-66 所示。

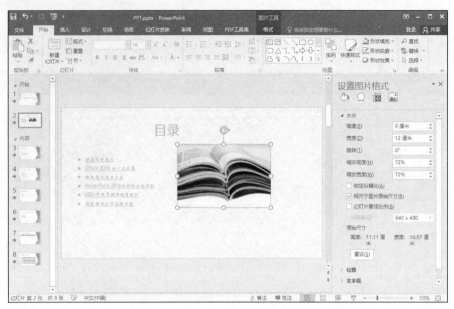

图 4-66　设置图片大小

（18）单击图片，在"图片工具"的"格式"选项卡中，单击"图片样式"下拉按钮，选择"映像右透视"样式，如图 4-67 所示。

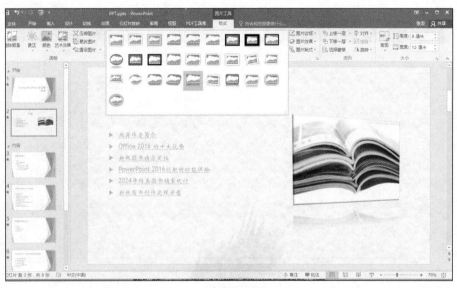

图 4-67　设置图片样式

（19）在"幻灯片放映"选项卡的"开始放映幻灯片"组中，单击"自定义幻灯片放映"下拉按钮，选择"自定义放映"，弹出"自定义放映"对话框。

（20）在"自定义放映"对话框中单击"新建"按钮，弹出"定义自定义放映"对话框。在演示文稿的幻灯片列表框中，选中第 1、2、4、7 张幻灯片，单击"添加"按钮。

在幻灯片放映名称文本框中输入"放映方案 1"，单击"确定"按钮，如图 4-68 所示。单击"关闭"按钮。

图 4-68　设置自定义放映

（21）按照同样的操作方法，创建"放映方案 2"。

（22）在"幻灯片放映"选项卡中，单击"设置幻灯片放映"按钮，在打开的"设置放映方式"对话框中选择放映选项为"循环放映，按 ESC 键终止"，换片方式为"手动"，如图 4-69 所示。

图 4-69　设置放映方式

（23）在"切换"选项卡中，单击"显示"按钮，选择"全部应用"，如图 4-70 所示。

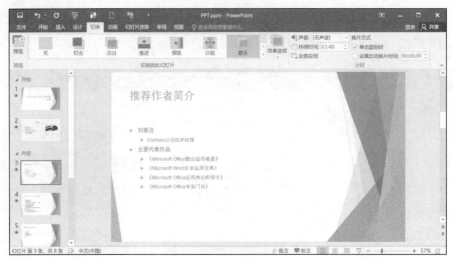

图 4-70　设置切换效果

　　（24）选中第 1 张幻灯片，在"插入"选项卡的"媒体"组中，单击"音频"下拉按钮，选择"PC 上的音频"，在弹出的对话框中，选择"第 4 章演示文稿实验\实验五"中的音频文件"封面图书.mp3"，单击"插入"按钮。在"音频工具"的"播放"选项卡"音频选项"组中，勾选"跨幻灯片播放""放映时隐藏""循环播放，直到停止"复选框，在"音频工具"的"播放"选项卡中，单击"音频样式"组中的"在后台播放"按钮，如图 4-71 所示。

图 4-71　设置音频

　　（25）将"PPT.pptx"保存在"第 4 章演示文稿实验\实验五"中，实验 5 的最终效果如图 4-72 所示，关闭文件。

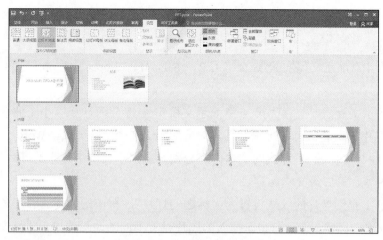

图 4-72 实验 5 的最终效果

PowerPoint 2016 综合练习

综合练习 1

打开"第 4 章演示文稿实验\综合练习 1"的"PPT1. pptx"（".pptx"为扩展名），完成以下操作。

（1）利用 PowerPoint 应用程序创建一个相册，并包含 Photo (1).jpg～Photo (12).jpg。每张幻灯片包含 4 张图片，并将每张图片设置为"居中矩形阴影"相框形状。

（2）设置相册主题为"第 4 章演示文稿实验\综合练习 1"的"相册主题.pptx"样式。

（3）为相册中的每张幻灯片设置不同的切换效果。

（4）在标题幻灯片后面插入一张新的幻灯片，将该幻灯片设置为"标题和内容"版式。在该幻灯片的标题位置输入"摄影社团优秀作品赏析"，并在该幻灯片的内容文本框中输入 3 行文字，分别为"湖光春色""冰消雪融""田园风光"。

（5）将"湖光春色""冰消雪融""田园风光"3 行文字转换成样式为"蛇形图片题注列表"的 SmartArt 对象，并将 Photo(1).jpg、Photo(6).jpg 和 Photo(9).jpg 定义为该 SmartArt 对象的显示图片。

（6）为 SmartArt 对象添加自左至右的"擦除进入"动画效果，并要求幻灯片放映时该 SmartArt 对象元素可以逐个显示。

（7）在 SmartArt 对象元素中添加幻灯片跳转链接，实现单击"湖光春色"标注形状可跳转至第 3 张幻灯片，单击"冰消雪融"标注形状可跳转至第 4 张幻灯片，单击"田园风光"标注形状可跳转至第 5 张幻灯片。

（8）将文件夹中的"ELPHRG01.wav"声音文件作为该相册的背景音乐，并在幻灯片放映时开始播放。

综合练习 2

打开"第 4 章演示文稿实验\综合练习 2"中的"PPT2.pptx"(".pptx"为扩展名),完成以下操作。

(1)该演示文稿需要包含"第 4 章演示文稿实验\综合练习 2\《小企业会计准则》培训素材.docx"中的所有内容,每张幻灯片对应 Word 文档中的一页,Word 文档中应用了"标题 1""标题 2""标题 3"样式的文本内容分别对应演示文稿中每张幻灯片的标题文字、第一级文本内容、第二级文本内容。

(2)将第 1 张幻灯片的版式设置为"标题幻灯片",在该幻灯片的右下角插入任意一幅剪贴画,依次为标题、副标题和新插入的图片设置不同的动画效果,并且指定动画出现顺序为图片、标题、副标题。

(3)取消第 2 张幻灯片中文本内容前的项目符号,并将最后两行落款和日期右对齐。将第 3 张幻灯片中用绿色标出的文本内容转换为"垂直框列表"类的 SmartArt 图形,并分别将每个列表框链接到对应的幻灯片。将第 9 张幻灯片的版式设置为"两栏内容",并在右侧的内容框中插入"第 4 章演示文稿实验\综合练习 2\《小企业会计准则》培训素材.docx"文档第 9 页中的图形。将第 14 张幻灯片最后一段文字向右缩进两个级别,并链接到文件"第 4 章演示文稿实验\综合练习 2\小企业准则适用行业范围.docx"。

(4)将第 15 张幻灯片自"(二)定性标准"开始拆分为标题同"二、统一中小企业划分范畴"的两张幻灯片,并参考"第 4 章演示文稿实验\综合练习 2\《小企业会计准则》培训素材.docx"文档中的第 15 页内容,将前一张幻灯片中的红色文字转换为一张表格。

(5)将"第 4 章演示文稿实验\综合练习 2\《小企业会计准则》培训素材.docx"文档第 16 页中的图片插入对应幻灯片,并适当调整图片大小。将最后一张幻灯片的版式设置为"标题和内容",将图片"pic1.gif"插入内容框中并适当调整大小。将倒数第二张幻灯片的版式设置为"内容与标题",参考"第 4 章演示文稿实验\综合练习 2\《小企业会计准则》培训素材.docx"文档第 18 页中的样例,在幻灯片右侧的内容框中插入 SmartArt 不定向循环图,并为其设置一个逐项出现的动画效果。

(6)将演示文稿按表 4-2 的要求分为 5 节,并为每节应用不同的设计主题和幻灯片切换方式。

表 4-2　演示文稿的要求

节名	包含的幻灯片序号
小企业准则简介	1~3
准则的颁布意义	4~8
准则的制定过程	9
准则的主要内容	10~18
准则的贯彻实施	19~20

第5章

计算机网络的配置与应用

实验1　局域网的配置与资源共享

5.1.1　实验目的

（1）了解局域网的基本概念、组成和工作原理。

（2）培养学生配置网络和共享资源的实用技能，提高动手操作能力。

（3）提高学生的信息素养，包括使用网络的安全意识和基本的网络管理能力。

5.1.2　实验内容

（1）学会如何在网络上共享文件和打印机，以及如何访问这些共享资源。

（2）学习如何配置计算机的网络设置，包括 IP 地址、子网掩码和网关等。

（3）了解基本的网络安全概念，如防火墙的作用，如何设置简单的网络安全措施。

5.1.3　实验步骤

若要实现文件的共享，则用户首先需要设置文件所在的文件夹为共享状态，然后通过"网络"打开共享的文件，操作过程如下。

1. 设置文件夹的共享

（1）打开"此电脑"窗口，选中要设置为共享的文件夹，然后单击鼠标右键，在弹出的快捷菜单中选择"授予访问权限"中的"特定用户"选项，如图 5-1 所示。

（2）在打开的"网络访问"对话框中，单击下拉列表框，选择"Administrator"选项，单击"添加"按钮，如图 5-2 所示。

（3）如果还需要设置用户共享该文件夹的权限，则可单击"权限级别"列表框，通过选取"权限级别"中的"读取""读取/写入""删除"选项来设置权限，如图 5-3 所示。

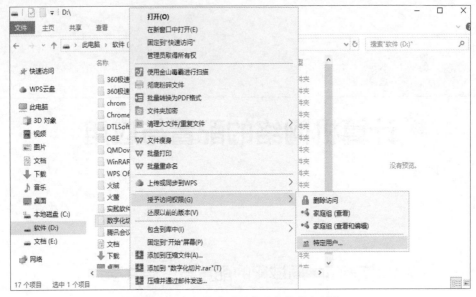

图 5-1　在"此电脑"窗口中共享文件夹

图 5-2　"网络访问"对话框

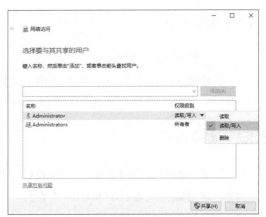

图 5-3　设置权限级别

（4）单击"共享"按钮，完成对共享文件夹的权限设置，再单击"完成"按钮，即可将文件夹设置为共享。

2. 使用共享的文件夹

若要在桌面上显示"网络"图标，则首先在桌面空白位置单击鼠标右键，在弹出的快捷菜单中执行"个性化"→"主题"→"桌面图标设置"命令，在弹出的"桌面图标设置"对话框中，选中"网络"复选框，单击"确定"按钮，即可实现在桌面上显示"网络"图标。

（1）双击桌面上的"网络"图标，打开"网络"窗口，显示联网的计算机名称，如图 5-4 所示。双击包含共享驱动器或文件夹的计算机图标，显示共享的驱动器或文件夹。

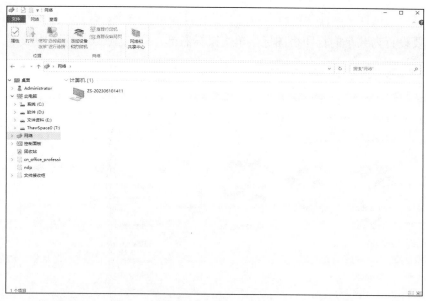

图 5-4 "网络"窗口

（2）双击"网络"窗口中的某个共享文件夹，如"数字化切片"，即可看到该共享文件夹下的所有共享信息，如图 5-5 所示。这时用户就可以访问该共享文件夹下的所有文件了。

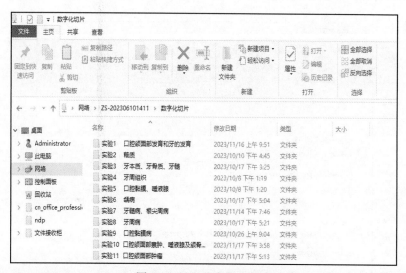

图 5-5 显示共享的文件夹

3．打印机的共享设置

若要共享打印机，则首先要将该打印机设置成共享，然后在本地计算机上为共享打印机安装驱动程序，以实现在网上共享打印机，操作步骤如下。

（1）打开"控制面板"窗口或在屏幕左下角的搜索框中搜索"控制面板"，打开"控制面板"窗口，执行"硬件和声音"→"设备和打印机"命令，打开"设备和打印机"窗口。选择要设置为共享的打印机图标，单击鼠标右键，弹出图 5-6 所示的快捷菜单。

图 5-6 "设备和打印机"窗口

（2）在弹出的快捷菜单中选择"打印机属性"选项，弹出选中的打印机属性对话框，单击"共享"选项卡，选中"共享这台打印机"复选框，然后在"共享名"文本框中输入共享的打印机名称，如图 5-7 所示。

图 5-7 选中的打印机属性对话框

（3）单击"确定"按钮，即可将该打印机设置成在网上共享的工作方式。

4．为本地计算机安装共享打印机的驱动程序

（1）打开本地计算机的"设备和打印机"窗口，然后单击"添加打印机"标签，弹出"添加设备"对话框。搜索到的可用打印机列表如图 5-8 所示。

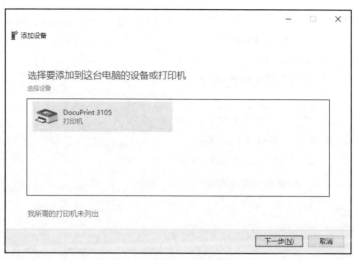

图 5-8　搜索到的可用打印机列表

（2）若共享的打印机不在列表中，则单击"我所需的打印机未列出"按钮，就会弹出图 5-9 所示的"添加打印机"对话框。

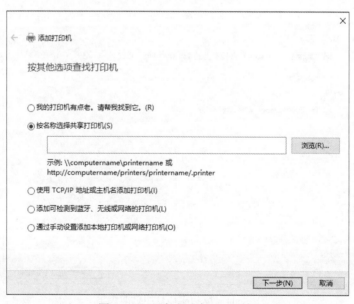

图 5-9　"添加打印机"对话框

（3）选择"按名称选择共享打印机"选项，输入共享的打印机名称，单击"下一步"按钮，如图 5-10 所示。

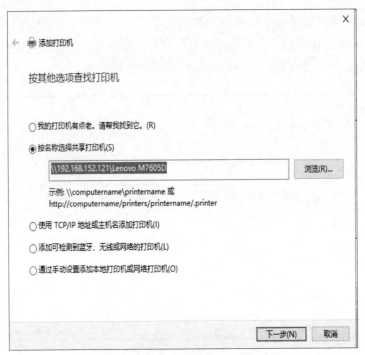

图 5-10　输入共享的打印机名称

（4）若添加成功，则会弹出成功添加打印机的提示，如图 5-11 所示。

图 5-11　成功添加打印机的提示

（5）单击"下一步"按钮，出现"打印测试页"按钮，如图 5-12 所示。单击"完成"按钮，就完成了共享打印机的各项参数设置，并可以进行各种打印操作。

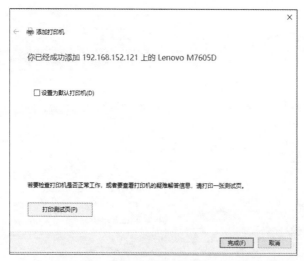

图 5-12　出现"打印测试页"按钮

通过局域网接入互联网时需要进行 TCP/IP 的属性设置，操作步骤如下。

（1）在 Windows 桌面"网络"图标上单击鼠标右键，在弹出的快捷菜单中选择"属性"选项，打开图 5-13 所示的"查看基本网络信息并设置连接"窗口。

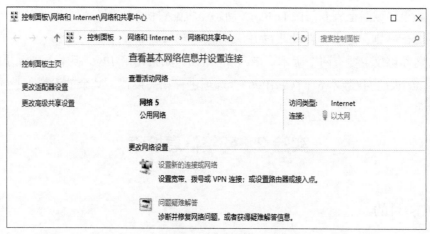

图 5-13　"查看基本网络信息并设置连接"窗口

（2）单击本地连接"以太网"按钮，在弹出的对话框中选择"属性"选项，弹出"以太网 属性"对话框，如图 5-14 所示。

（3）选择"Internet 协议版本 4（TCP/IPv4）"选项，然后单击"属性"按钮，弹出"Internet 协议版本 4（TCP/IPv4）属性"对话框。

（4）如果需要为用户的计算机配置确定的 IP 地址，则选中"使用下面的 IP 地址"单选项，并分别在"IP 地址""子网掩码""默认网关""首选 DNS 服务器"处输入相关信息，如图 5-15 所示。

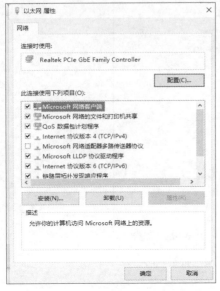
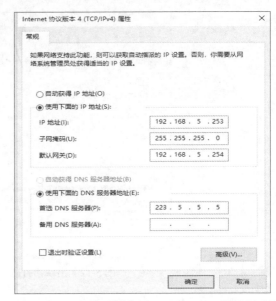

图 5-14　"以太网 属性"对话框　　图 5-15　"Internet 协议版本 4（TCP/IPv4） 属性"对话框

（5）单击"确定"按钮，完成 TCP/IP 的属性设置操作。

这里需要说明，获取 IP 地址的方式有两种：一种是自动获得 IP 地址，另一种是指定 IP 地址。如果局域网上有专门的 DHCP（动态主机配置协议）服务器，而且该服务器负责 IP 地址的分配，则应选中"自动获得 IP 地址"单选按钮。

目前网际协议主要有两个版本：IPv4 和 IPv6。如果使用 IPv6 版本，则在步骤（3）中选择"Internet 协议版本 6（TCP/IPv6）"选项进行相关设置，其余的设置保持不变。

实验 2　网络信息检索

5.2.1　实验目的

（1）培养学生的信息意识和获取信息的能力，提高学生的信息素养和创新能力。

（2）掌握网络信息检索的基本方法，能够熟练运用各种搜索引擎解决学习与生活中的问题。

（3）了解信息检索过程及其技术，提高学生利用信息检索技能服务于日常学习、工作与生活的能力。

5.2.2　实验内容

（1）学习使用不同的搜索引擎，如谷歌、百度和必应，进行信息检索，并比较它们的检索效果。

（2）了解搜索引擎的工作原理。

5.2.3　实验步骤

如何在上千万个网站中快速、有效地找到所需信息是一个非常棘手的问题，搜索引擎正是为了解决用户的信息查询问题而开发的一种工具。

1．网页搜索

当用户在搜索引擎中搜索某个关键词（如"云计算"）时，搜索引擎数据库中所有包含这个关键词的网页都将作为搜索结果并以列表的形式显示出来，用户可以自行判断需要打开哪些网页。常用的搜索引擎有百度、谷歌、必应等。百度搜索引擎界面如图 5-16 所示。

图 5-16　百度搜索引擎界面

我们只有掌握相应的方法，才能利用搜索引擎全面、准确、快速地从网络上获取所需要的信息。在通常情况下，搜索引擎通过搜索关键词来查找包含此关键词的文章或网址。这是使用搜索引擎查询信息最简单的方法，但使用这种方法得到的结果往往不能令人满意。如果想要获得更好的搜索结果，就需要使用搜索引擎提供的"高级搜索"方法（以百度为例），如图 5-17 所示，它可以缩小搜索的范围，提高搜索的效率。

图 5-17　百度搜索引擎的"高级搜索"页面

2．保存网页

通过搜索，用户通常会找到许多有用的信息，我们可以将这些信息保存在本地计算机上，以便日后使用。保存整个 Web 网页，或者只保存其中的部分内容（如文本、图片或超链接等），方法如下。

以 Microsoft Edge 浏览器为例，如果希望将整个网页存储到计算中，首先需要打开想保存的网页，然后单击浏览器右上角的选项图标，选择"更多工具"中的"将页面另存为"命令，如图 5-18 所示。

图 5-18　Microsoft Edge 浏览器工具页面

在弹出的"另存为"对话框中指定当前网页的文件名、文件位置等，如图 5-19 所示。

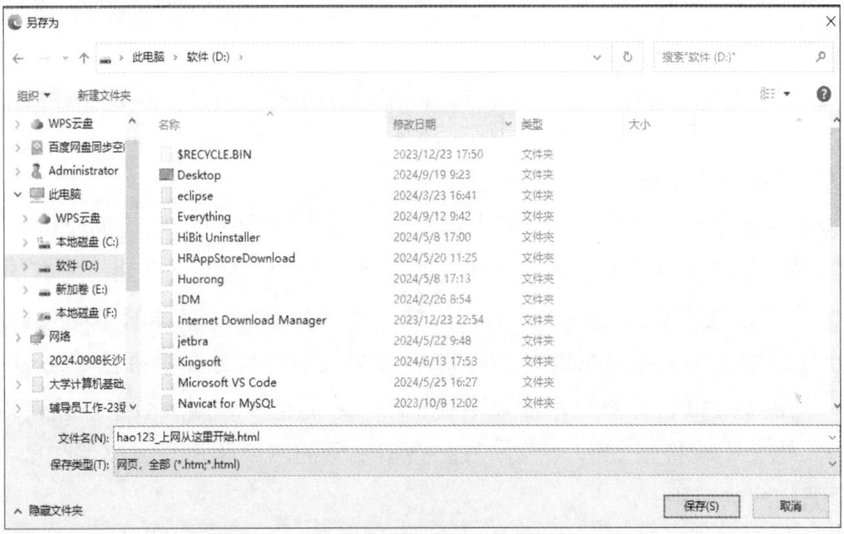

图 5-19　Microsoft Edge 浏览器的"另存为"对话框

如果只需要保存当前网页中的图片，则可选择要保存的图片，并单击鼠标右键，在弹出的快捷菜单中选择"图片另存为"选项，选择保存位置，再单击"保存"按钮。

3．搜索引擎的类型

搜索引擎一般有以下几种类型。

（1）全文搜索引擎。全文搜索引擎有 Google、百度等，它们从互联网中提取各个网站的信息（以网页文字为主），建立数据库，能够检索与用户查询条件相匹配的记录，并按一定的排列顺序返回结果。

（2）目录索引类搜索引擎。目录索引是按目录分类的网站链接列表，用户可以按照分类目录找到所需要的信息，这种方式不依靠关键词进行查询。目录索引类搜索引擎中最具代表性的有新浪等。

（3）元搜索引擎。元搜索引擎接收用户查询请求后，会同时在多个搜索引擎上进行搜索，并将搜索结果返回给用户。元搜索引擎有 InfoSpace、Dogpile、Vivisimo、搜星搜索引擎等。

（4）门户搜索引擎。门户搜索引擎通常作为门户网站的一部分，提供简单的搜索功能，方便用户快速找到门户网站中的内容。

4．搜索引擎的工作原理

（1）搜索信息。搜索引擎利用一个称为网络爬虫的自动搜索机器人程序，来连接每一个网页上的超链接。

（2）整理信息。搜索引擎整理信息的过程称为"建立索引"。搜索引擎不仅要保存搜集出来的信息，还要将它们按照一定的规则进行编排，便于用户查看。

（3）接受查询。用户向搜索引擎发出查询请求后，搜索引擎接受查询并向用户返回资料。目前搜索引擎返回的信息主要是以网页链接的形式提供的，通过这些链接，用户便能找到含有自己所需信息的网页。

由于不可能抓取所有的网页，有些网络爬虫对一些不太重要的网站设置了访问的层数。对于网站设计者来说，扁平化的网站结构设计有助于搜索引擎抓取更多的网页。

5．搜索引擎的局限性

对于搜索引擎来说，要抓取互联网上所有的网页是不可能的。一方面是因为网页抓取技术遇到瓶颈，有许多网页无法从其他网页的链接中找到，因此无法遍历所有的网页；另一方面是因为存储技术和处理技术具有局限性。如果按照每个页面的平均大小为 20 KB 计算，100 亿个网页的数据总量就是 200 TB。如果按照一台计算机每秒下载 20 KB 数据进行计算，则需要 340 台计算机不停地下载一年，才能把所有网页数据下载完毕。同时，数据量太大，也会影响搜索效率。因此，许多搜索引擎的网络爬虫只抓取那些重要的网页。

6．中国知网的使用

中国知识基础设施（CNKI）工程是以实现全社会知识信息资源共享为目标的国家信息化重点工程。中国知网作为 CNKI 工程的一个重要组成部分，已建成了中文信息量规模较大的 CNKI 数字图书馆，内容涵盖自然科学、工程技术、人文与社会科学等期刊、博硕士论文、报纸、图书、会议论文，为在互联网条件下共享知识信息资源提供了一个重要的平台。

中国知网数据库主要包括中国期刊全文数据库（CJFD）、中国重要报纸全文数据库（CCND）、中国优秀博/硕士论文全文数据库（CDMD）等。中国知网的主页如图 5-20 所示。

图 5-20　中国知网的主页

其中，中国期刊全文数据库的收录以学术、技术、政策指导、高等科普及教育类刊物为主，同时收录部分基础教育、大众科普、大众文化和文艺作品类刊物。中国期刊全文数据库分为十大专辑：理工 A、理工 B、理工 C、农业、医药卫生、文史哲学、政治军事与法律、教育与社会科学综合、电子技术与信息科学、经济与管理。

中国期刊全文数据库主要以 CAJ 格式和 PDF 格式提供文献，因此，用户需要在计算机中预先安装相应格式的阅读器。

实验 3　Internet 服务与应用

5.3.1　实验目的

（1）了解互联网的基本概念、工作原理和主要服务，加深对互联网结构和功能的认识。

（2）熟练使用电子邮件、搜索引擎、文件传输等互联网服务。

（3）提高网络信息素养，培养学生在网络环境中检索、评估和应用信息的能力。

5.3.2　实验内容

（1）学习使用 Web 浏览器、电子邮件客户端、FTP 客户端等工具，熟悉搜索引擎的使用技巧。

（2）学习配置 TCP/IP，进行网络连接的建立，以及文件和目录对象的共享。

（3）熟练使用网盘和 Telnet 远程登录服务。

5.3.3　实验步骤

1. 万维网服务

万维网以超文本标记语言（HTML）与超文本传送协议（HTTP）为基础，能够以友好的接口提供互联网信息查询服务。这些信息资源分布在全球数以亿万计的万维网服务器上，并由提供信息的网站进行管理和更新。用户通过浏览器浏览 Web 网站上的信息，并可单击被标记为"超链接"的文本或图形转换到世界各地的其他 Web 网站，访问丰富的互联网信息资源。

（1）Web 网站与 Web 网页。

Web 系统采用浏览器/服务器工作模式，所有的客户端和 Web 服务器统一使用 TCP/IP 协议簇，使客户端通过浏览器和服务器的逻辑连接变成简单的点对点连接，用户提出查询要求就可以自动完成查询操作。

若将万维网视为互联网上的一个大型图书馆，则 Web 网站上某一特定信息资源的所在地就如同图书馆中的书籍，而 Web 网页就是书中的某一页，Web 站点的信息资源由一篇篇称为 Web 网页的文档组成。多个 Web 网页组合在一起便构成了一个 Web 站点，用户每次访问 Web 网站时，总是从一个特定的 Web 站点开始。每个 Web 站点的资源都有一个起始点，通常称为首页（即站点起始页）。图 5-21 所示为 Web 网页的组成结构及超链接。

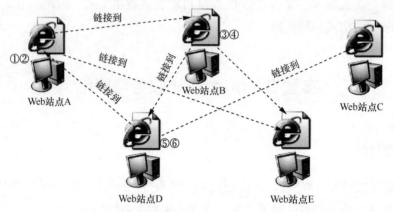

图 5-21　Web 网页的组成结构及超链接

Web 网页采用超文本格式，即每个 Web 网页除包含自身信息外，还包含指向其他 Web 网页的超链接，可以将超链接理解为指向其他 Web 网页的"指针"。由超链接指向的 Web 网页可能在近处的一台计算机上，也可能远在千里之外的一台计算机上。但对用户来说，单击超链接，所需的信息就会立刻显现在眼前，非常方便。需要说明的是，超级文本不仅含有文本，也含有图像、音频、视频等多媒体内容，通常人们也把这种增强的超级文本称为超媒体。

（2）URL 与 HTTP。

在互联网中的 Web 站点上，每一个信息资源都有统一的且在网上唯一的地址，该地址称为 URL（统一资源定位符）地址。URL 可用于确定互联网上信息资源的位置，方便用户通过 Web 浏览器查阅互联网上的信息资源。URL 地址包括资源类型、存放资源的主机域名及端口和网页路径。

HTTP 是 Web 服务器与浏览器间传送文件的协议，它是在浏览器/服务器模型上发展起来的信息传输方式。HTTP 以客户端浏览器和服务器互相发送消息的方式进行工作，客户通过浏览器向服务器发出请求，并访问服务器上的数据，服务器通过特定的公用网关接口程序返回数据，如图 5-22 所示。

2. 电子邮件服务

电子邮件（E-mail）是一种利用计算机网络交换电子信件的通信手段，它是互联网上广受欢迎的一项服务。它可以将电子邮件发送到收信人的邮箱中，收信人可以随时读取邮件。电子邮件不仅使用方便，而且大多数电子邮件都可免费使用。电子邮件不仅能传递文字信息，还可以传递图像、声音、动画等多媒体信息。

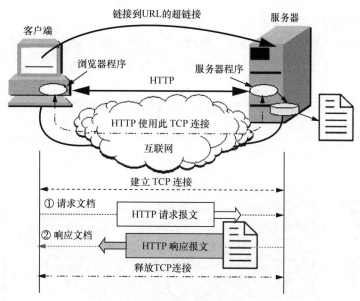

图 5-22　Web 服务器的工作过程

（1）电子邮件收发过程。

电子邮件系统采用客户端/服务器工作模式，由邮件服务器端与邮件客户端两部分组成。邮件服务器包括发送邮件服务器和接收邮件服务器两类。发送邮件服务器一般采用 SMTP（简单邮件传送协议），当发信方发出一份电子邮件时，发送邮件服务器便依照收件地址将电子邮件送到收信人的接收邮件服务器中；接收邮件服务器为每个电子邮箱用户开辟一块专用的存储空间，用于存放接收到的邮件。收件人将自己的计算机连接到接收邮件服务器并发出接收指令后，客户端计算机即可通过邮局协议（POP）或交互式邮件访问协议（IMAP）下载并读取电子信箱内的邮件。图 5-23 所示为电子邮件的收发过程。

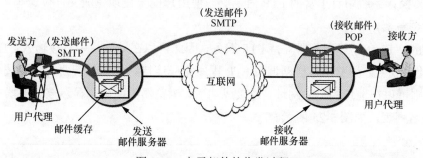

图 5-23　电子邮件的收发过程

（2）电子邮件地址。

每个电子邮箱都有一个 E-mail 地址，E-mail 地址格式为"用户名@邮箱所在主机的域名"。其中，符号"@"表示"在"的意思；用户名必须是唯一的。例如，×××@163.com 就是一个用户的 E-mail 地址，它表示"163"邮件服务器上用户名为×××的 E-mail 地址。

3．文件传输服务

文件传送协议（FTP）在互联网上使用广泛，能屏蔽计算机所处的位置、连接方式以及操作系统等，并使在互联网上的计算机之间传送文件成为可能。通过 FTP，用户可以登录到远程计算机上搜索需要的文件或程序，然后将其下载到本地计算机中，也可以将本地计算机中的文件上传到远程计算机中。FTP 采用客户端/服务器工作方式，用户计算机称为 FTP 客户端，远程提供 FTP 服务的计算机称为 FTP 服务器。其工作过程如图 5-24 所示。

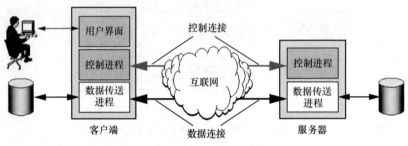

图 5-24　FTP 的工作过程

FTP 服务器通常是信息服务提供者的计算机。FTP 服务是一种实时联机服务，用户访问 FTP 服务器之前需要进行注册。互联网上大多数 FTP 服务器都支持匿名服务，即以 anonymous 作为用户名，以任何字符串或电子邮件的地址作为口令登录。当然，匿名 FTP 服务存在很大的局限性，匿名用户一般只能获取文件，而不能在远程计算机上建立文件或修改已存在的文件，并且对获取文件也有严格的限制。

利用 FTP 传输文件的方式主要有以下 3 种。

（1）FTP 命令行。

UNIX 操作系统中有丰富的 FTP 命令集，使用户能方便地完成文件传送等操作。

（2）浏览器。

Chrome、Firefox 等浏览器支持 FTP 服务，因此可以在地址栏中直接输入 FTP 服务器的 IP 地址或域名，浏览器将自动调用 FTP 程序完成连接。例如，若要访问的域名为 FTP 服务器，则可以在地址栏输入网址，连接成功后，浏览器界面就会显示该服务器上的文件夹和文件名列表，如图 5-25 所示。

名称	修改日期	类型	大小
医学院资料包.zip	2024/8/26 下午 ...	360压缩 ZIP 文件	1,224,250...
inletexemc（局域网屏幕分享的小软件，适合...	2024/8/26 下午 ...	360压缩 ZIP 文件	1,181 KB
VMware16.rar	2024/6/3 下午 3:...	360压缩 RAR 文件	539,745 KB
ClassWorkSystem.rar	2023/10/18 上午 ...	360压缩 RAR 文件	132,447 KB
VS2022.rar	2023/8/28 上午 ...	360压缩 RAR 文件	3,615 KB
VW+Linux.zip	2022/9/26 上午 ...	360压缩 ZIP 文件	1,163,086...
style.css	2022/9/23 上午 ...	层叠样式表文档	1 KB
layui-v2.6.8.zip	2022/8/23 上午 ...	360压缩 ZIP 文件	358 KB
uTools-3.0.2.exe	2022/8/22 下午 ...	应用程序	65,114 KB

图 5-25　浏览 FTP 服务器

（3）FTP 下载工具。

FTP 下载工具软件具有远程登录，对本地计算机和远程服务器的文件、目录进行管理，以及相互传送文件等功能。FTP 下载工具还具有断点续传功能，网络连接意外中断后，还可以继续进行剩余部分的传输，保障文件下载速率。目前，CuteFTP 是比较常用的 FTP 下载工具，它是一个共享软件，功能强大，具有断点续传、上传、文件拖放等功能。

4．网盘

网盘，又称网络硬盘、网络空间、云端硬盘等，是由互联网公司推出的在线存储服务。服务器为用户划分一定的磁盘空间，提供文件托管以及文件上传、下载服务的网站，类似于 FTP 的网络服务，为用户提供文件的存储、访问、备份、共享等文件管理功能，并且拥有高级的容灾备份。由于文件存储在服务供应商的服务器内，所以任何人都可以在任何时间、任何地点通过互联网来访问文件。不需要随身携带，更不怕丢失。

（1）网盘的功能。

① 取代即时通信软件，无须双方同时在线，亦能更快速地发送文件。

② 存储机密及重要资料文件，以防计算机出现故障导致文件外泄丢失。

③ 把文件存储于网上，方便随时随地下载使用，犹如随身携带硬盘。

④ 在本地上传文件，在外地下载使用。

⑤ 建设一个网上交换中心，共同访问、分享文件以及多媒体文件。

⑥ 在线即时观看视频。

（2）访问网盘的形式。

① 建立基于免费电子邮箱的服务。

② 使用 Web 界面进行访问。

③ 与操作系统集成，能以与传统硬盘相似的方法访问。

（3）文件的传输方法。

① 上传。用户可通过浏览器上传，也可使用插件方式上传，少数以专用软件上传。

② 下载。网页保存（不能使用任何工具下载，只可以在网页中点击保存，不能续传）。

③ 利用共享链接。用户可以将文件生成分享链接，然后分享给其他用户。这种方法通常适用于文件不多且文件大小适中的情况。

④ 专用软件下载。用户可以使用百度网盘、联想企业网盘、华为网盘、360 云盘等软件下载文件。图 5-26 所示为百度网盘登录界面。

5．Telnet 远程登录服务

远程登录是指由本地计算机通过互联网登录到另一台远程计算机上，远程计算机可以在本地计算机附近，也可以在地球的另一端。登录到远程计算机后，本地计算机就成为远程计算机的终端，操作者可以用本地计算机直接操纵远程计算机，利用远程计算机完成大量的操作，如查询数据库、检索资料等。

图 5-26　百度网盘登录界面

互联网远程登录服务的工作原理如图 5-27 所示。

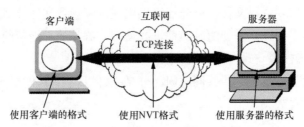

图 5-27　互联网远程登录服务的工作原理

远程登录采用客户端/服务器工作方式，进行远程登录时需要满足以下条件：本地计算机必须装有包含 Telnet 协议的客户程序，必须知道远程计算机的 IP 地址或域名，必须知道远程计算机的登录标识与口令。使用 Telnet 远程登录服务的主要步骤如下。

（1）本地计算机与远程计算机建立 TCP 连接，用户必须知道远程计算机的 IP 地址或域名。

（2）将在本地计算机上输入的用户名、口令及输入的任何命令或字符串转换为虚拟网络终端（NVT）格式传送到远程计算机上。

（3）将远程计算机输出的 NVT 格式的数据转换为本地计算机接收的格式送回本地计算机，包括输入命令回显和命令执行结果。

（4）本地计算机撤销对远程计算机的 TCP 连接。

世界上许多图书馆都通过 Telnet 对外提供联机检索服务，一些政府部门和研究机构也对外开放其数据库，供用户通过 Telnet 查询。一旦登录成功，用户便可使用远程计算机访问对外开放的全部信息资源。当然，若要在远端计算机上登录系统，则用户先要成为该系统的合法用户，并获得相应的账号和口令。

计算机网络配置与应用综合练习

综合练习

（1）在局域网环境下的一台计算机上建立一个共享文件夹，然后在工作组的其他计算机上浏览、使用该文件夹及其中的文件。

（2）在上机操作环境允许的条件下进行 TCP/IP 的属性设置，在可上网的环境下查看本机当前的 IP 地址。

（3）访问网易网站，将该网站主页设置为浏览器的起始主页，并将该网页保存为名为"网易"的网页文件。

（4）在主页中将一幅图片保存为图片文件。

（5）将网易网站中某个信息的内容保存到 Word 文档中，并将网易主页保存到收藏夹中。

（6）利用百度搜索引擎搜索"中国教育考试网"，查找全国计算机等级考试的相关信息，并下载一份"考试大纲"。

（7）利用百度搜索引擎，搜索全国知名高校的信息，查看相关信息并将各高校的网址记录下来，将其添加到"收藏夹"中。

（8）在新浪网上申请一个免费的电子邮箱，给好友发送电子邮件。

（9）访问中国知网，查找一篇基于微信小程序的在线课程平台设计与实现的论文，并下载、保存。

第6章

医院信息系统实验

实验1　医院信息系统的安装

6.1.1　实验目的

掌握医院信息系统（HIS）的安装方法。

6.1.2　实验内容

（1）下载安装包及语言包。

（2）下载报表插件。

6.1.3　实验步骤

（1）将 Trasen 客户端和安装环境复制到本地磁盘并解压，一般建议放到 D 盘根目录。

（2）下载安装环境中的 NET2.0 安装包及语言包，如图 6-1 所示。

图 6-1　NET2.0 安装包及语言包

（3）下载安装环境中的 CR2005 水晶报表插件，如图 6-2 所示。

图 6-2　CR2005 水晶报表插件

打开下载的安装包、语言包和报表插件，按照指示进行安装。

实验 2　医院信息系统的初始化

6.2.1　实验目的

掌握医院信息系统的初始化方法。

6.2.2　实验内容

（1）设置 HIS 连接。

（2）数据库的连接测试。

（3）添加 HIS 系统资源。

6.2.3　实验步骤

1. 设置 HIS 连接

（1）解压 HIS 环境中的安装包后，打开环境中的 ClientConfig.exe 客户端配置文件，如图 6-3 所示。

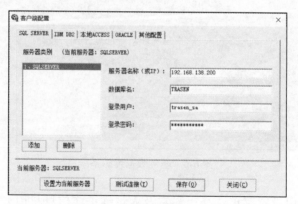

图 6-3　"客户端配置"界面

（2）登录系统需要配置服务器连接，先配置客户端连接，一般为 SQLSERVER 数据库。

（3）在"客户端配置"界面中，在左侧服务器列表中添加一个服务器，在右侧服务器名称（或 IP）、数据库名、登录用户、登录密码中分别输入对应的数据库选项。

2. 数据库的连接测试

（1）单击"客户端配置"界面中的"测试连接"按钮，测试连接成功会弹出"数据库连接成功！"提示，如图 6-4 所示。

（2）测试连接成功后单击"设置为当前服务器"按钮，将配置的服务器设置为当前服务器，然后单击"保存"按钮保存当前配置。

3. HIS 系统的初始化

（1）启动"HIS系统"，输入操作员"ts"及密码，如图6-5所示，进入基础数据维护系统。

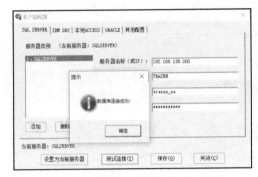

图6-4 "数据库连接成功！"提示 图6-5 HIS系统登录界面

（2）从 HIS 系统主界面进入基础数据维护系统，如图6-6所示。

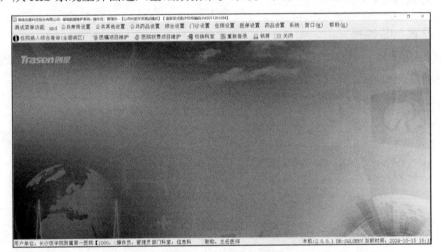

图6-6 基础数据维护系统

（3）在公共常用设置菜单选择"科室及人员维护（信息科用）"菜单，如图6-7所示；打开"科室及人员维护（信息科用）"主界面，如图6-8所示。

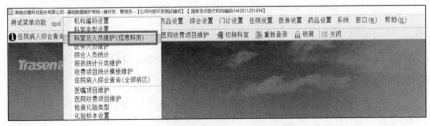

图6-7 "科室及人员维护（信息科用）"菜单

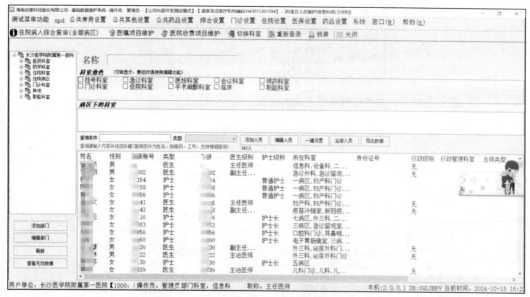

图 6-8 "科室及人员维护（信息科用）"主界面

（4）在"科室及人员维护（信息科用）"主界面中，单击"添加人员"按钮添加人员权限，选中记录并单击"编辑人员"按钮，打开图 6-9 所示的"编辑人员"对话框修改人员权限。人员类型分为医生、护士、收费员、药库操作员、药房操作员、医技人员、其他及自助终端，如图 6-10 所示。需要给护士设置护士属性，如图 6-11 所示。需要给医生设置医生属性，如图 6-12 所示。

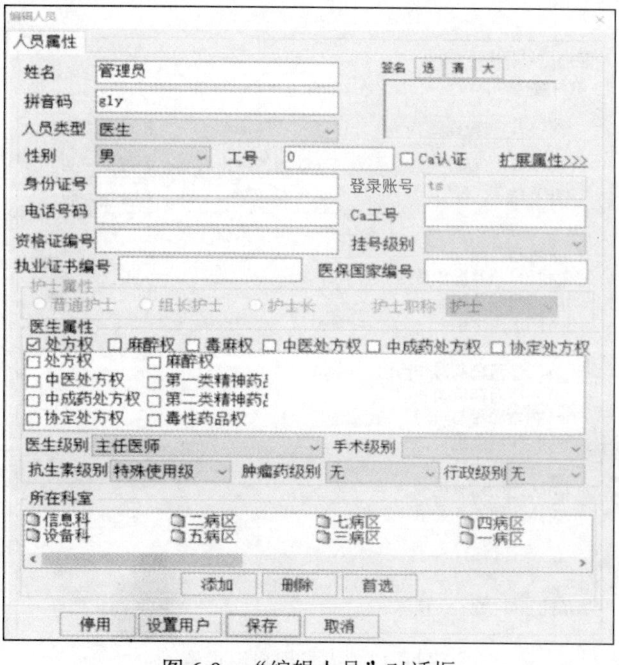

图 6-9 "编辑人员"对话框

图 6-10　人员类型

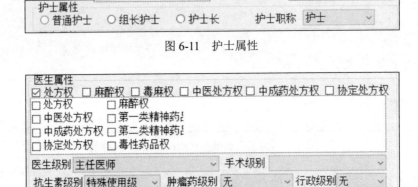

图 6-11　护士属性

图 6-12　医生属性

（5）在"编辑人员"对话框中，单击"设置用户"按钮，打开图 6-13 所示的界面修改人员用户组权限。按照流程，分别设置挂号收费操作员组、门诊医生护士组、住院医生护士组、门诊西药房操作员组、药库操作员组等权限。

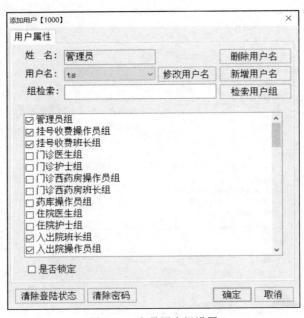

图 6-13　人员用户组设置

实验 3　医院信息系统的使用

6.3.1　实验目的

掌握医院信息系统的使用方法。

6.3.2　实验内容

（1）登录"门诊收费子系统"，模拟"挂号""划价""收费"等操作。

（2）登录"住院管理子系统"，模拟"住院登记""预交款""住院结算"等操作。

（3）登录"门诊医生站子系统"，模拟"接诊""新开门诊处方""门诊病历书写"等操作。

（4）登录"住院护士站子系统"，模拟"分配床位""医嘱转抄""发送医嘱"等操作。

（5）登录"住院医生站子系统"，模拟"新开医嘱""电子病历书写""手术申请""出院医嘱"等操作。

（6）登录"药房管理子系统"，模拟"药品入库""门诊发药""住院发药"等操作。

（7）查询、统计及打印报表。

6.3.3　实验步骤

1. 登录"门诊收费子系统"，模拟"挂号""划价""收费"等操作

（1）执行"门诊收费子系统"→"门诊收费"→"门诊挂号"命令，进入图 6-14 所示的界面进行门诊挂号操作。

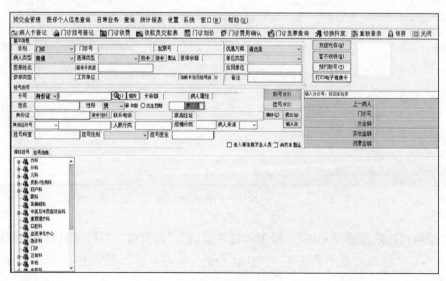

图 6-14　门诊挂号

（2）执行"门诊收费子系统"→"门诊收费"→"门诊划价"命令，进入图 6-15 所示的界面进行门诊划价操作。

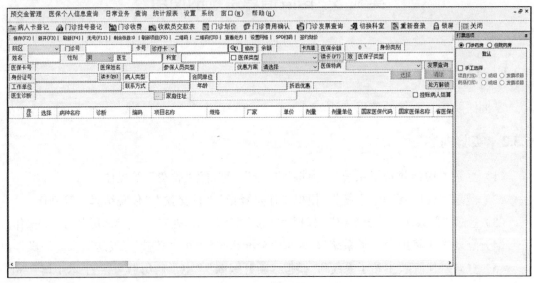

图 6-15 门诊划价

（3）执行"门诊收费子系统"→"门诊收费"→"门诊收费"命令，进入图 6-16 所示的界面进行门诊收费操作。

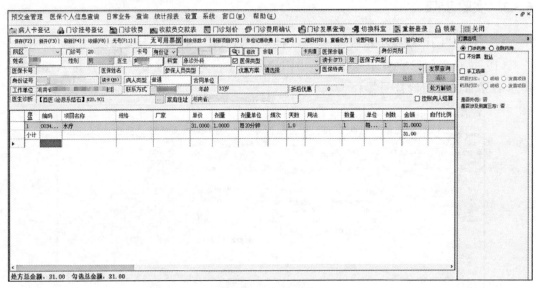

图 6-16 门诊收费

2. 登录"住院管理子系统"，模拟"住院登记""预交款""住院结算"等操作

（1）执行"住院管理子系统"→"住院登记"命令，进入图 6-17 所示的界面进行住院登记操作。

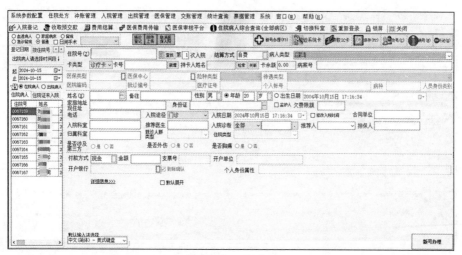

图 6-17 住院登记

（2）执行"住院管理子系统"→"收取预交款"命令，进入图 6-18 所示的界面进行收取预交款操作。

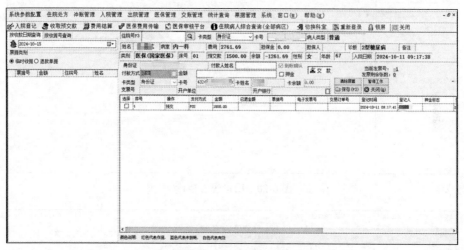

图 6-18 收取预交款

（3）执行"住院管理子系统"→"费用结算"命令，进入图 6-19 所示的界面进行记账核价操作。

3. 登录"门诊医生站子系统"，模拟"接诊""新开门诊处方""门诊病历书写"等操作

（1）执行"门诊医生站子系统"→"病历处方"→"接诊"命令，进入图 6-20 所示的界面进行接诊患者操作。

（2）执行"门诊医生站子系统"→"病历处方"→"新开"命令，进入图 6-21 所示的界面进行新开门诊处方操作。

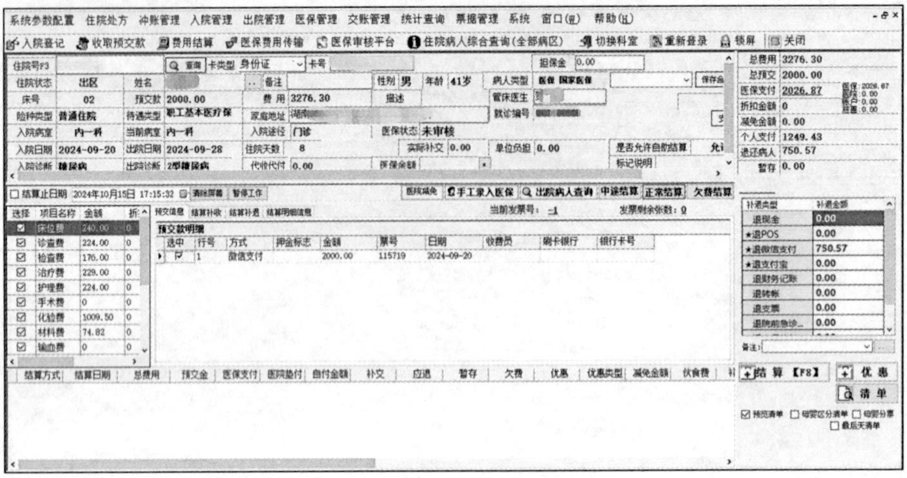

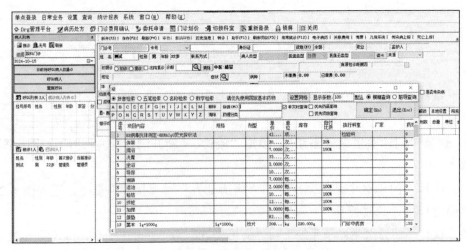

图 6-19　记账核价

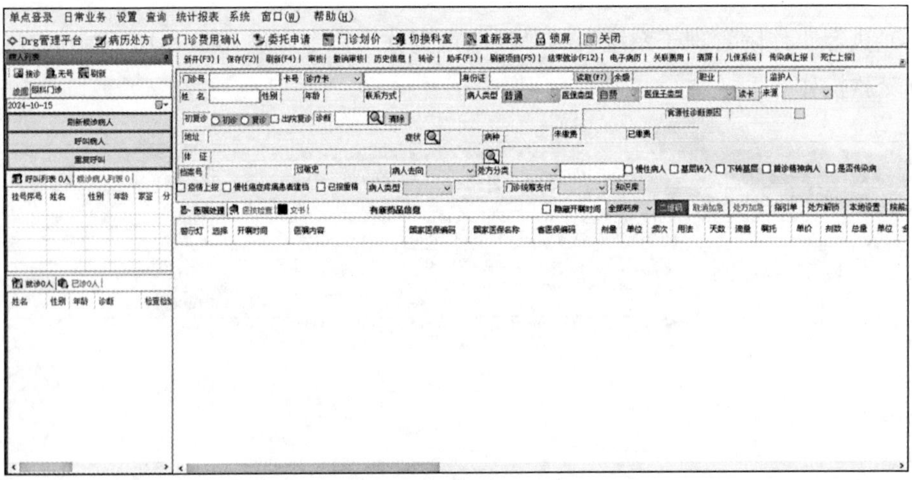

图 6-20　门诊患者接诊

图 6-21　新开门诊处方

（3）执行"门诊医生站子系统"→"病历处方"→"电子病历"命令，进入图 6-22 所示的界面进行门诊电子病历书写操作。

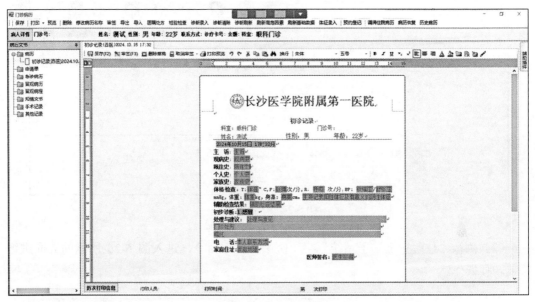

图 6-22 门诊病历书写

4. 登录"住院护士站子系统"，模拟"分配床位""医嘱转抄""发送医嘱"等操作

（1）执行"住院护士站子系统"→"分配床位"命令，进入图 6-23 所示的界面进行床位分配操作。分配后可进入床位一览查看，如图 6-24 所示。

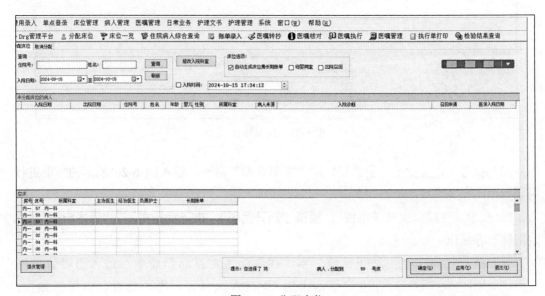

图 6-23 分配床位

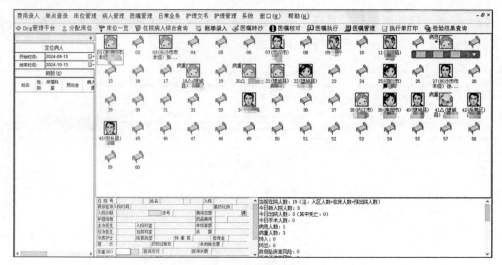

图 6-24　床位一览

（2）执行"住院护士站子系统"→"医嘱转抄"命令，进入图 6-25 所示的界面进行医嘱转抄操作。

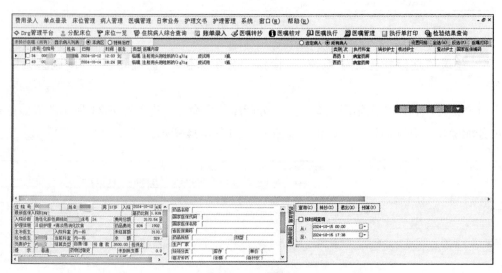

图 6-25　医嘱转抄

（3）执行"住院护士站子系统"→"医嘱管理"命令，进入图 6-26 所示的界面进行医嘱发送操作。

5. 登录"住院医生站子系统"，模拟"新开医嘱""电子病历书写""手术申请""出院医嘱"等操作

（1）执行"住院医生站子系统"→"住院医生主界面"命令，进入患者管理操作界面，如图 6-27 所示。在主界面双击病人，进入医嘱管理界面进行新开医嘱操作，如图 6-28 所示。

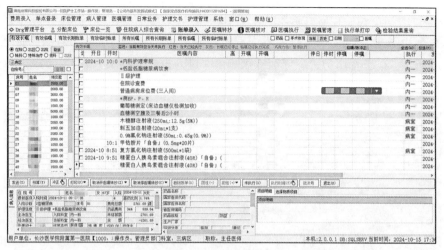

图 6-26　医嘱发送

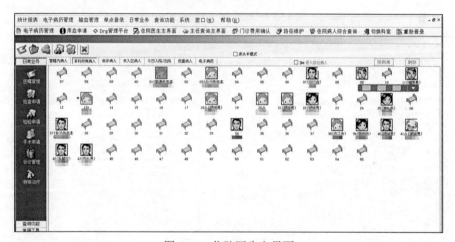

图 6-27　住院医生主界面

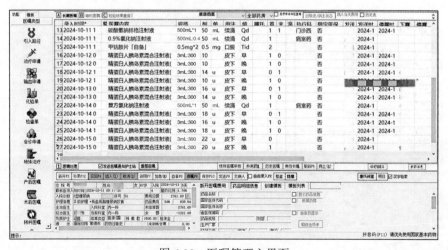

图 6-28　医嘱管理主界面

（2）执行"住院医生站子系统"→"电子病历管理界面"命令进入病历管理主界面，如图 6-29 所示。从病历管理主界面双击住院医生工作站，进入患者病历管理界面，如图 6-30 所示。在患者病历管理界面双击患者，进入患者病历书写界面，如图 6-31 所示。

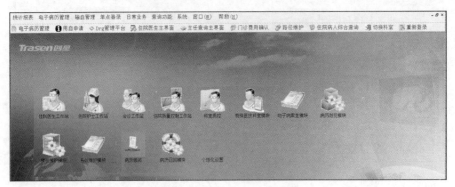

图 6-29　病历管理主界面

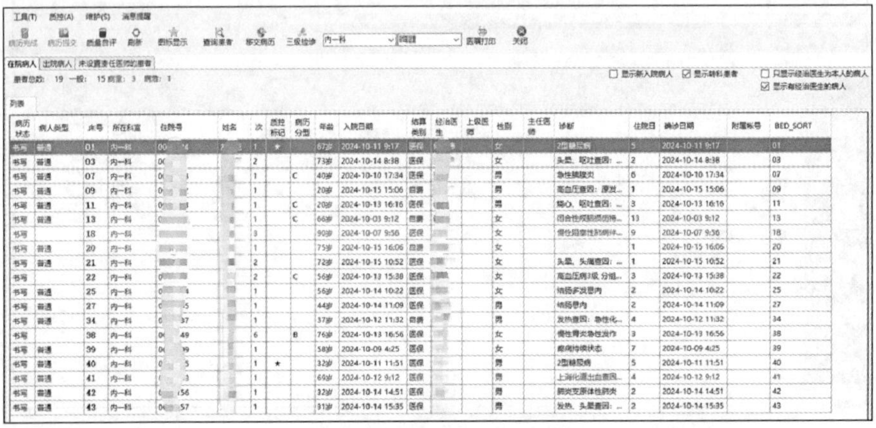

图 6-30　患者病历管理界面

图 6-31　患者病历书写界面

（3）执行"患者病历书写界面"→"手术申请"命令，进入手术申请主界面，如图 6-32 所示。

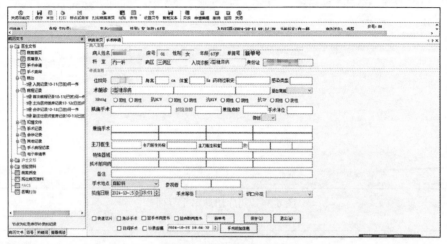

图 6-32　手术申请主界面

（4）执行"患者病历书写界面"→"医嘱录入"→"出院医嘱"命令，进入出院申请主界面，如图 6-33 所示。

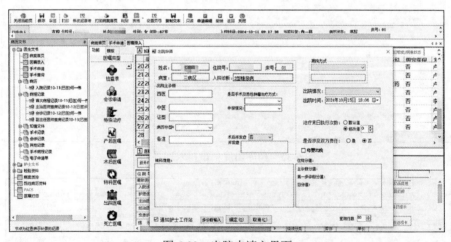

图 6-33　出院申请主界面

6. 登录"药房管理子系统"，模拟"药品入库""门诊发药""住院发药"等操作

（1）执行"药房管理子系统"→"单据处理"→"药库出库单"命令，进入药库出库单主界面，如图 6-34 所示。双击对应入库单，对未审核的单据进行审核入库，如图 6-35 所示。

（2）执行"药房管理子系统"→"门诊发药"命令，进入门诊药房发药主界面，如图 6-36 所示。

（3）执行"药房管理子系统"→"住院统领发药"命令，进入住院药房统领发药主界面，如图 6-37 所示。

图 6-34　药库出库单主界面

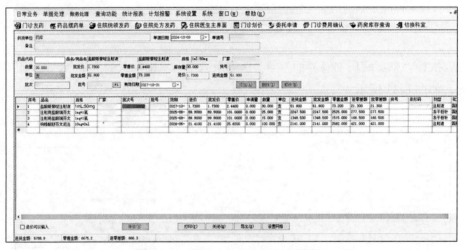

图 6-35　药库出库单审核入库界面

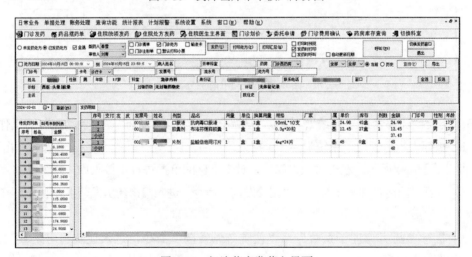

图 6-36　门诊药房发药主界面

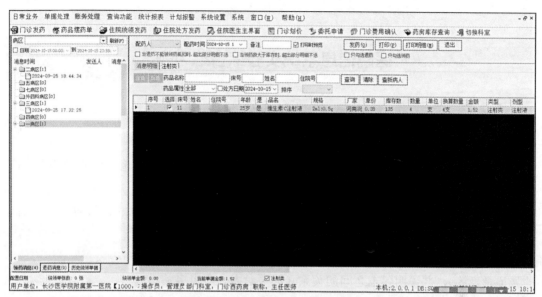

图 6-37 住院药房统领发药主界面

（4）执行"药房管理子系统"→"住院处方发药"命令，进入住院药房处方发药主界面，如图 6-38 所示。

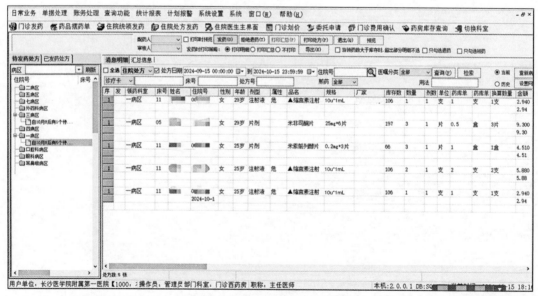

图 6-38 住院药房处方发药主界面

7. 查询、统计及打印报表

（1）系统支持模糊查询（检索关键字），也支持通过自定义条件进行组合查询。

（2）在查询界面中可以调出相应的病人记录、收费记录。

（3）打印查询结果。

医院信息系统实验综合练习题

综合练习

（1）假设你是一名系统分析师，需要为一家小型社区医院设计一套医院信息系统。请至少列出 5 个模块的需求，并说明每个模块的具体功能。

（2）根据需求调研结果，绘制系统的用例图，明确系统参与者（如医生、护士、患者、药剂师、管理员等）及其主要用例。

（3）设计系统的数据库架构，包括表结构设计（如患者信息表、病历表、药品库存表、挂号记录表等），并说明各表之间的关系（如一对多、多对多关系）。

（4）描述系统的整体架构设计，包括前端界面、后端逻辑、数据库交互以及可能的技术栈选择（如前端：HTML/CSS/JavaScript，后端：Python/Java，数据库：MySQL/Oracle 等）。